KB216382

우리 시대의 선행과
영적 위험

선한 일을 할 때 조심하지 않으면 큰 피해를 볼 수 있다. 이 책은 무엇인가 변화를 주는 선한 일을 하려고 할 때 피해야 할 위험들을 아주 솔직하게 들여다보게 해준다.

– 크레이그 그로쉘, LifeChurch.tv 담임목사

피터 그리어는 내 친구이자 그리스도 안에서 형제요, 자본주의나 다른 중요한 이슈에 관해 의견을 달리하는 토론 파트너다. 피터는 내가 아는 어떤 사람보다도 예수님의 말씀처럼 뱀같이 지혜 있고 비둘기같이 순결한 삶을 사는 사람이다. 이 책은 지혜와 순결함으로 가득 채워져 있다. 우리가 무엇을 하는지보다 우리가 누구인지가 더 중요하다는 것을 일러주고, 얼마나 많이 주는지보다 주는 것에 얼마나 사랑이 깃들어 있느냐가 더 중요하다는 것을 일러주는 우수한 책이다.

– 쉐인 클레어본, 작가·사회활동가, thesimpleway.org

이 책은 사회 정의, 사역 또는 이웃을 내 몸처럼 사랑하는 일에 참여하는 모든 리더들에게 필요한 메시지다. 누구나 도전을 받을 것에 각오를 해야 한다. 피터는 세상을 변화시키는 사상의 리더이다. 이 책을 읽을 것을 강추한다.

– 브레드 로메닉, Catalyst 대표

아주 시기 적절하게 출간된 이 중요한 책에서 저자는 사도 바울의 가르침을 21세기를 사는 사람들에게 적용하고 있다. 읽기 쉽고, 유머가 풍부하고, 심오한 통찰력을 주는 책이다.

– 브라이언 피커트, 《When Helping Hurts》의 저자

이 책은 저자의 개인적이고 솔직한 경험을 나눔으로써 우리 모두를 깨운다. 우리로 하여금 가장 중요한 것을 희생하지 않고 어떻게 세상을 변화시키는가를 말해준다. 이 책에 담겨 있는 원칙들에 깊이 공감한다. 이 책 때문에 내 삶의 여정을 돌아보고 있다.

– 스테반 바우만, World Relief 대표

피터가 참 정확히 잘 간파했다. 리더들이 간과하기 쉬운 표적과 상황들을 아주 독특하게 끄집어내서 설명했는데, 이런 것들은 리더들 본인과 특히 그들이 사랑하는 사람들에게 아주 심각한 해를 끼치는 것들이다. 훌륭한 리더가 되기 원한다면 반드시 이 책을 읽어야 한다.

– 데이빗 스피카드, Jobs for Life 대표

이 책을 읽으며 드는 생각은 이제 다른 일들을 다 제쳐놓고 소매를 걷어 붙이고 예수님 한 분만을 위해 사역해야겠다는 것이었다. 저자는 어떻게 하면 순수한 마음과 순수한 사랑 그리고 남이 주는 칭찬 따위에 상관하지 않고 예수님을 섬길 것인지를 보여준다. 이 책이 독자로 하여금 폐부를 찌르는 영원한 변화를 줄 것이라고 믿는다.

– 앤 빌러, Auntie Anne's, Inc. 설립자

르완다의 고릴라 얘기로부터 파네라의 선지자들에 이르기까지, 진솔한 이야기와 매우 밀접하게 관련된 주제들이 사역자들이 선한 일을 하면서 접하게 되는 위험을 피하도록 도와줄 것이다.

– 스쿠터 하세, Water Street Mission 대표

이 책은 이웃을 사랑하고 섬기는 사람들을 위한 것이다. 피터는 사역의 위험을 잘 알고 있고 아주 유용하게 설명한다. 이 책은 섬김의 기초가 무엇인지를 재발견하도록 도울 것이다.

– 리로이 바버, Mission Year 대표

아주 통찰력 있고, 재미있고, 쉽게 읽을 수 있는 책이다. 이 책은 선한 일을 하면서 겪을 수 있는 위험을 피하도록 도와주고 또한 우리가 왜 섬기는가를 기억하게 함으로써 감사와 평안을 추구하려는 사람들의 마음을 사로잡을 것이다.

– 킴 핍스 박사, 메시아 대학 총장 · 크리스천 대학 연합이사회 전 이사장

보다 나은 세상을 만들고 싶다면 이 책을 읽기를 권한다. 저자는 놀라울 정도로 자기 취약점을 모두 내보이면서, 자신의 경험을 성경적 진실과 연결시키고 선한 일의 어두운 부분을 노출시킨다. 도시에서 전문적으로 선한 일을 행하고 있는 사람으로서, 나는 이 책을 대량 구입하였다.

– 토마스 힌슨 3세, 워싱턴 강림교회 담임목사

사진을 많이 찍어온 사람으로서 겉에 보이는 이미지 이면에 보다 위대한 스토리가 있다는 것을 깨달아 알고 있다. 피터는 비영리단체의 겉 이미지를 넘어서 선행 이면에 숨겨진 어두운 면을 들여다보게 해준다. 세상을 변화시키고자 하는 모든 사람에게 아주 필요한 책이다.

– 제레미 카우어트, 사진작가, Help-Portrait 설립자

"드디어 나왔네!" 이 책, 아니 이 스토리는 지금 사역 중에 있는 리더들에게 참 리더십이 무엇인가를 보여주는 책이다. 저자의 겸손함과 우리가 온전해져서 다른 사람들을 진실로 섬길 수 있기를 바라는 저자의 마음 때문에 순금처럼 고귀한 책이다.

– 제레미 쿠비첵, GIANT Impact 설립자

이 책은 섬기는 일에 열심인 영혼들을 아주 깊이 탐색한다. 저자는 외적으로 믿음을 고수하면서 어떻게 내적인 역동감을 잃지 않을 수 있는지를 보여준다. 그리스도를 따르는 사람이라면 누구나 섬김을 시작하기 전에 이 책을 통해 자신의 마음을 해부해보도록 권하고 싶다.

– 찰리 스캔들린, Menlo Park Presbyterian Church 목사

저자는 이야기마다 자기 약점을 내보이는 솔직함으로 선행에 관한 진실을 말한다. 돌아온 탕자의 이야기에서는 자신을 큰아들과 견주어 고백하면서 자신의 자만심을 고백한다. 그러면서도 은혜의 복음과 무한한 하나님의 사랑을 말하고 있다.

– 그렉 캠벨, Coldwell Banker Corporation 전 임원

저자가 크리스천 비영리단체의 리더이므로 사역의 어려움에 대한 진술함이 더욱 강력하게 다가온다. 결혼 생활, 친구 관계, 리더십 등에서 겪은 많은 어려움을 어떻게 극복했는가를 솔직하게 고백함으로써 모든 분야에서 일하는 사람들에게 폭넓게 받아들여질 것이다. 이 책이 많은 사람들에게 읽히고 그룹 스터디에서도 사용되기를 바란다.

– 타일러 위그-스티븐슨, 《The World Is Not Ours to Save》의 저자, Two Futures Project 설립자

주님 안에서 형제 된 피터와 나는 삶의 여정을 함께해왔다. 그래서 그가 "우리에게 가장 중요한 것은 단순히 우리가 무엇을 하느냐가 아니라 우리가 누구가 되어가느냐"라고 한 말에 아주 공감한다. 이 책은 평생을 신실하게 섬기고 하나님의 소명에 순종하기를 원하는 모든 사람들에게 꼭 필요한 메시지다.

– 카를로스 피멘텔 산체즈, Esperanza International 대표

젊은 목사 시절에 이 책을 읽었더라면 아주 좋았을텐데……하는 아쉬움이 든다. 나의 이상주의적 사고방식은 가장 큰 장점인 동시에 큰 재앙을 가져다주는 약점이기도 하다. 피터는 이것을 잘 이해한다. 그가 살아온 이야기와 통찰력을 좀 더 일찍 배웠더라면, 그랬더라면 가슴을 찢는 대형 실수들을 피할 수 있었을 것 같다. 누구에게나 꼭 필요한 책이다.

– 크리스 세이, Ecclesia Houston 목사

어떤 크리스천의 삶을 살고 있는지를 가늠할 때 우리는, 하나님을 위해 무엇을 하는가를 유심히 보지 어떤 사람이 되어가는지에는 무심하다. 마음이 진실되게 변화되기를 원하지만 항상 행동의 작은 변화에 그칠 때가 많다. 이 책은 마음에 관한 책이다. 이 책을 읽기 시작했다면 당신의 마음은 결코 전과 같지 않게 변화될 것이다.

　　　　- 저스틴 데이비스, 《Beyond Ordinary: When a Good Marriage Just Isn't Good Enough》의
　　　　　　　　　　　　　　　　　　공저자, RefineUs Ministries의 공동설립자

이 책은 마음을 매우 불편하게 하지만 세상에서 선을 이루고자 하는 사람들의 깊은 영혼을 생명으로 인도한다. 정말 신선하게 느껴지도록 솔직하게 쓰였고, 아주 자세히 실용적인 내용을 담고 있다. 정직하게 자신의 결점을 인정하며, 하나님의 은혜를 구하는 용감한 사람들에게 넘치는 소망을 주는 책이다.

　　　　　　　　- 찰스 리, 《Good Idea Now What》의 저자, Ideation 대표

저자는 우리가 약할 때 하나님의 전능하고 구속적인 손이 역사하고 계심을 보여준다. 이 책은 우리의 마음과 행동의 진실된 동기가 무엇인지 돌아보도록 할 뿐 아니라 당신이 누구인가 하는 깊은 정체성을 가지고 사역을 감당하도록 도울 것이며 큰 소망을 줄 것이다. 당신의 정체성은 날마다 점점 더 그리스도를 닮아가는 변화의 과정을 말한다.

　　　　　　- 베다니 후앙, IJM Institute for Biblical Justice 디렉터

THE SPIRITUAL DANGER OF DOING GOOD

Copyright ⓒ 2013 by Peter Greer
Originally published in English under the title *The Spiritual Danger of Doing Good* by
Bethany House, a division of Baker Publishing Group, Grand Rapids, Michigan, 49516,
U.S.A.

All rights reserved.

This Korean edition is published by ULYSSES PUBLISHING CO. in 2014 arrangement with
Baker Publishing Group through KCC(Korea Copyright Center Inc.), Seoul.

이 책은 (주)한국저작권센터(KCC)를 통한 저작권자와의 독점계약으로 율리시즈에서 출간되었습니다.
저작권법에 의해 한국 내에서 보호를 받는 저작물이므로 무단 전재와 복제를 금합니다.

우리 시대의 선행과
영적 위험

피터 그리어 지음 · 제프리 리 옮김

율리시즈

추천의 글

존경하는 제프리 리 장로께서 피터 그리어Peter Greer의 《우리 시대의 선행과 영적 위험The Spiritual Danger of Doing Good》이라는 책을 번역하셨다.

책 제목만 보고도 흥분이 될 만큼 기뻤다. 이 책이 무엇을 다루려는지를 알 수 있었기 때문이다.

몇 년 전 '정직의 함정'이라는 제목으로 설교를 한 적이 있었다. 정직의 함정은 정직이 변질되는 것인데 사람들은 정직의 변질을 이야기하면 그것이 '거짓'일 것이라고 생각한다. 물론 거짓은 정직의 변질이다. 그러나 거짓만이 정직의 변질과 함정은 아니다.

내가 그 설교에서 이야기하려고 하였던 함정과 변질은 '교만', '오만', '정죄'와 같은 지나침에 대한 것들이었다. 거짓만이 세상을 해롭게 하는 것이 아니다. 자기도 모르는 사이에 변질되고 오염된 정의가 세상을 더 해롭게 한다는 것을 우리는 쉽게 간과한다.

사람들은 악한 일을 할 때만 위험하다고 생각한다. 그러나 선한 일을 할 때도 우리가 알지 못하는 위험이 얼마나 많은지 사람들은 잘 모른다.

정직과 정의를 사랑하는 사람,

남을 돕고 섬기는 것 같은 선한 일을 좋아하는 사람,

특히 그것에 인생과 생명을 걸고 싶어 하는 사람들에게 이 책을 강력 추천하고 싶다.

이 책이 나오면 우선 나부터 열심히 읽고 공부하고 싶다. 그리고 실력을 쌓아 이 책을 강의하는 강사가 되고 싶다. 우리 아이들과 내가 섬기고 있는 교회와 재단의 모든 사람들부터 이 책으로 교육하고 싶다.

좋은 책을 만나게 되어 기쁘고 감사하다.

김동호

열매나눔재단 대표

추천의 글

말세에 고통하는 때가 오리라는 성경의 경고대로, 제반질서가 무너지고 가치관이 뒤틀린 이 시대에 절실히 요구되는 필독서 하나를 모든 그리스도인들과 복음사역자들에게 강력히 추천한다. 구제와 개발, 복음과 선교, 하나님 나라의 확장 등 우리 모두가 최선을 다해 감당해야 할 선한 일의 당위에 딴지를 걸 그리스도인은 없을 것이다. 그래서 우리는 열심히, 힘에 지나도록 '분골쇄신' 노력하는 청지기적 자세에 대해 힘써 강조하곤 한다. 근면, 충성, 열심, 헌신 등은 개신교 직업윤리의 근간을 이루는 핵심 개념이다.

그러나 우리는 과연 하나님의 일을 하나님의 방법과 자세로 참여하고 있는 것일까? 멀리서 존경하던 지도자를 가까이 대하면 실망하는 경우가 너무 많고, 소문난 교회나 기독단체의 내부를 들여다보면 복음의 본질인 사랑의 체온은커녕 찬바람만 쌩쌩 부는 경우도 흔하다. 교회나 선교단체가 일 중독에 걸리거나 일꾼을 남용하는 경우가 오히려 많다는 평가도 있다. 높은 이상과 고매한 목적을 추구하는 집단에서 불평불만을 표출하기 쉽지 않고, 자칫 헌신이나 영성이 부족한 일꾼으로 낙인 찍히기 십상이기 때문이다.

이 책은 국제선교단체의 지도자인 저자가 자신의 모순과 오류를 진지하고 투명하게 반성하면서 다른 사역자들에게 동일한 과오를 범하지 말고 하나님의 일을 하나님의 방법으로 감당하도록 권면하는 탁월한 책이다. 그의 시행착오는 내게도 깊은 공감을 주면서 스스로 내적 상태와 자세를 점검하고 반성하게 해주었다. 하나님 앞에서 그분의 인정을 받는 일꾼이 되기 바라는 모든 동역자들에게 이 소중한 책을 '강추'한다.

정민영

선교사, 국제위클리프Wycliffe Global Alliance 부대표

차 례

서문

사도 바울은 초대 교회에서 가장 중요한 리더였습니다. 신약의 상당 부분을 저술한 저자이자 최초의 선교사였던 그는 역사상 가장 중요한 글로벌 사역을 시작했습니다. 바울은 많은 사역에서 대단한 성과를 거두었습니다. 그 바울의 고백입니다. "그러므로 내가 한 법을 깨달았노니 곧 선을 행하기 원하는 나에게 악이 함께 있는 것이로다." _로마서 7:21

모든 크리스천들이 그러하듯, 바울 역시도 두 마음의 갈등을 겪으며 살았습니다. 그것은 '천국에서 주님과 함께 앉아 있는' 새로운 마음과 '하나님을 대적하는' 옛 마음이었습니다. 바울은 이 둘이 서로 싸우고 있기 때문에 항상 새로운 마음이 소망하는 선한 일들만 할 수 있는 것은 아니라고 설명했습니다. _갈라디아서 5:17

저자 피터 그리어는 이 책을 통해 이러한 바울의 가르침을 21세기 리더들에게 적용하고 있습니다. 술술 읽히고 유머 넘치며 날카로운 통찰력을 주는 이 책은, 리더라면 누구나 매일 가방에 넣고 다녀야 할 책입니다.

이 책은 우리의 마음을 대단히 불편하게 만드는 통계를 소개하면서 시작합니다. 성경에 나오는 숱한 지도자들 중에서 세 명 중 한 명만이 '권력을 남용하지 않는 선에서, 혹은 자신과 타인에게 해를 입히지 않는 선에서 역동적인 신앙을 고수했습니다. 셋 중 한 사람만이 사역을 잘 감당한 것입니다.' 저자는 현세의 지도자들이 성경에 등장하는 인물들보다는 나은 실적으로 인생을 마감하기를 바라는 마음으로 이 책을 썼습니다. 그래서 자기와 다른 리더들이 경험했던 실수와 빠지기 쉬운 함정들을 허심탄회하게 묘사하고 있습니다. 가족을 소홀히 했던 점, 타협된 도덕 기준, 자만, 일 중독, 거짓된 성공, 영적인 맹목, 과로로 인한 탈진, 그리고 이들 중 가장 위험한 '크리스천 카르마' 같은 것들입니다.

저자는 이러한 주제를 너무나 잘 간파하고 있습니다. 저자는 호프 인터내셔널Hope International의 CEO로서 지구촌의 빈곤 타파를 위해 분투하는 최고의 크리스천 리더 중 한 명으로 칭송받는 사람입니다. 하지만 이 책에서 매우 솔직히 밝힌 것처럼, 그가 선한 일을 할 때 악은 언제나 그의 곁에 있었습니다.

이 책은 매우 실용적입니다. 저자는 현대 사회에서 겪게 되는 사

례를 예로 들어 실제 생활에 성경의 개념을 적용했고, 유용한 정보
들로 책을 가득 채웠습니다. 각 장의 마지막에 나오는 심도 깊은 질
문들은 책에서 배운 것들을 여러분의 삶 속에 적용할 수 있도록 도
와줄 것입니다. 개인적으로 저는 이 책을 통해 깊이 반성하는 계기
를 가졌고, 책에 나온 지혜로운 조언들을 실천하는 방법을 찾게 되
었습니다. 실제로, 저는 가정 예배에 이 책을 사용할 계획입니다.
가족들에게서 저에 대한 솔직한 피드백을 받고 크리스천으로서 우
리 가정이 신실하게 사역을 감당할 수 있도록 준비시키기 위해서입
니다.

　실용적인 제안들로 가득한 이 책의 가장 큰 장점은, 아무리 열심
히 사역을 하고 훌륭한 테크닉을 적용한다고 해도 우리의 옛 마음
을 버리지 않고서는 궁극적으로 결코 승리할 수 없다는 사실을 저
자가 간파하고 있다는 점입니다. 우리는 바울과 같이 "오호라 나는
곤고한 사람이로다. 이 사망의 몸에서 누가 나를 건져내랴. 우리 주
예수 그리스도로 말미암아 하나님께 감사하리로다"_로마서 7:24-25
라고 부르짖어야 합니다. 매일같이 이렇게 고백한다면 우리가 행한

선한 일이 아닌, 하나님께서 이미 행하신 선한 일 안에서 평온을 누릴 수 있을 것입니다.

브라이언 피커트

《도움이 상처를 줄 때 *When Helping Hurts*》의 저자

글을 시작하며

―――

선한 일 하기 운동이 시작되었습니다. 우리는 탄원서에 서명도 하고, 관련 단체에서 나눠준 티셔츠도 입고, 컨퍼런스에 참석하고, 자원봉사를 하고, 물질을 필요로 하는 곳에 도움을 주고, 또는 그곳에 직접 찾아가기도 합니다.

사람들은 지역사회 또는 세계적인 요구에 응답하기 위해 새로운 열정과 뜨거운 헌신을 갖고 믿음을 실천으로 옮기려고 애를 씁니다. 이러한 움직임이 더욱더 확산되도록 가능한 한 모든 수단을 동원해 지지하고 싶고, 이러한 섬김의 행위가 더더욱 번성하도록 장려하고 싶습니다.

하지만 선한 일에는 그에 따라오는 어두운 면이 있습니다. 이는 사람들이 간과하기 쉬운 면입니다.

수년간 자선 사업이 수혜자들에게 미치는 영향에 대한 토론이 이어져 왔습니다. 자선사업은 과연 도움을 줄까요 아니면 해로움을 줄까요? 경제학자들과 여러 유명한 저자들은 자선사업이 독약이 될 수도 있다고 주장했습니다. 우리가 주는 도움이 실제로 우리가 섬기고자 했던 사람들에게 해가 될 수도 있다는 말입니다.[1]

이러한 주제를 논의하는 과정에서 놓치고 있는 부분이 있습니다. 그것은 선한 일 그 자체가 여러분과 내게 미칠 수 있는 악영향입니다.

나는 지금까지 살아오면서 사역에 적극적으로 참여해왔고, 훌륭한 교회에 출석하는 특혜도 누렸으며, 기도 팀에서도 활동했고, 선교 여행에도 참석했으며, 지역사회나 해외에서 자원봉사도 했고, 국제 선교와 경제 개발을 위해서 풀 타임으로 일을 해왔습니다.

그러다 정신이 번쩍 들게 만드는 사실을 깨달았습니다. 자선 사업이 남에게 해가 될 수도 있듯이, 선한 일을 하는 것이 우리 스스로를 황폐하게 만들 수도 있다는 점입니다.

나는 정의를 위해 자신의 삶을 헌신하고 예수님을 위해 엄청난 일들을 하는 친구들과 멘토들을 보았습니다. 그들의 열정과 헌신, 희생에 경의를 표합니다. 하지만 그렇게 엄청난 헌신에도 불구하고 사안들은 엉뚱하게 잘못 흘러가기도 합니다. 기진맥진한 채 녹초가 되거나, 불륜에 빠지거나, 믿음을 잃거나, 재정적으로 타협하기도 하고, 개인적으로 파멸에 빠지기도 합니다. 이렇게 잘못된 길을 가게 되는 친구들과 그들이 그렇게 공들여 세우려 했던 사역들이 무너지는 것을 보면, 내 마음도 갈기갈기 찢어지듯 아픕니다.

그러다 문득 내 삶을 들여다보게 되었습니다. 콩고의 피난민을 도우면서 선한 일을 하던 정점에 있을 때 나의 내면은 아주 형편없는 최악의 모습이었습니다. 남에게 뭔가를 계속 주기만 하는 쳇바퀴를 도는 선행을 하고 있다는 것을 부인할 수 없었고, 따라서 선한 사역을 실천하는 새로운 방법을 찾고자 갈급해 있었습니다.

하나님의 도우심을 구하기 위해 성경 말씀을 보던 중 아주 심기 불편해지는 내용을 발견했습니다. 하나님의 음성을 듣고 심지어 엄청난 기적을 행하기도 했던 성경의 지도자들도 보통 사람들만큼이나 사역을 망쳐버리는 경우가 많았다는 사실입니다. 풀러 신학원의 로버트 클린턴J. Robert Clinton 박사는 성경에 나오는 지도자들 중에서 세 명 중 오직 한 명만이 권력을 남용하지 않는 선에서, 혹은 자신과 타인에게 해를 입히지 않는 범위에서 역동적인 신앙을 고수했다는 사실을 발견했습니다.

세 명 중 한 명만이 사역을 잘 감당한 것입니다. *2

만일 우리의 교회, 선교, 영적 성장을 방해하는 가장 큰 위협이 외부가 아니라 바로 우리 안에 존재하는 것이라면 어떻게 해야 할까요? 잠언은 말하기를 '모든 지킬 만한 것 중에 더욱 네 마음을 지키라 생명의 근원이 이에서 남이니라'라고 했습니다_잠언 4:23. 모든 것이 마음으로부터 흘러나옵니다. 우리의 동기, 우리의 욕망, 그리고 우리의 선한 행실도 말입니다. 동기를 제대로 파악하지 않을 경우, 우리를 구원하신 하나님보다 우리가 하는 섬김 행위 자체를 더 사랑할 수 있습니다. 하나님께서 주시는 비전도 없이 '하나님의 나라가 이 땅에 도래'하기를 바라면서 그저 열심히 일만 하는 것은 우리가 쉽게 저지르는 실수입니다. 하나님을 위해서 일한다는 자부심을 갖게 될 때, 그 자부심이 우리가 하는 선한 행위의 목을 조르고 마는 경우가 발생합니다.

나의 경우에는, 정의와 자비를 위한 개인적 욕망으로 선한 일을 함으로써, 나의 섬김 즉 선행을 수단이 아니라 궁극적인 목적으로 착각하게 되었고, 그것 때문에 나 자신으로 하여금 교만과 의심, 사람들의 인정을 추구하게 만들고 말았습니다.

마음을 포장하지 않고 보았을 때, 비로소 선한 일을 하는 중에 은밀하게 숨어 있는 위험을 보게 된 것입니다. 이는 내 경우에만 해당되는 이야기는 아니라고 생각됩니다. 오늘날 교회들은 매우 열정적입니다. 그리고 훌륭한 일들을 많이 하고 있습니다. 하나님을 위해 훌륭한 일들을 하는 와중에 우리는 스스로 어떤 사람이 되어가고 있는가에 대해서는 망각하고 맙니다. 왜 이 일을 하고 있는가에 대한 명확한 인식이 없다면, 인간 관계는 파괴되고 영적으로 착각에 빠질 수 있으며, 개인적으로는 육체적·정신적으로 기진맥진해지는 역풍의 위험을 맞게 됩니다.

오해하지 마시기 바랍니다. 저는 진심으로 선한 일 하기 운동을 반기고 있고, 교회가 하나님의 이름으로 세계 곳곳에 만연한 극복하기 힘든 문제들을 해결하려 나서는 현상을 기쁘게 여기는 바입니다. 하지만 우리는 '세 명 중 한 명의 지도자'보다는 나은 확률로 사역을 잘 감당해야 한다고 생각합니다. 인생을 훌륭하게 마무리하려면 먼저 훌륭하게 사는 법을 배워야 할 것입니다. 훌륭하게 살기 위해서는 스스로에게 이렇게 질문해봐야 합니다.

'우리는 무엇 때문에 섬기는가?'

이 질문에 대한 솔직한 대답이, 섬김에 대한 우리의 진실된 마음을 재발견할 수 있도록 도와줄 것입니다.

이 책은 사랑하고 나누고 섬기고자 하는 모든 이들을 위한 책입니다. 여러분이 글로벌 사역을 위해 섬기든 또는 지역 사회 봉사단체의 주방에서 섬기든, 대형 교회에서 섬기든, 가정 교회를 섬기든, 커뮤니티 센터에서나 이웃을 위해 섬기든 간에, 여러분은 바로 희망 이야기를 만들어가는 중요한 일원입니다. 그러한 여러분이 신실한 섬김을 실천하면서 충만한 삶을 누리기를 진심으로 바랍니다. 하지만 섬기는 자리에 있는 우리 모두는 반드시 영적 상태를 진단받아서 우리의 선한 일 중에 은밀하게 숨어 있는 영적인 위험 요소들을 제거해야만 합니다.

우리 모두가 하나님을 사랑하고 이웃 섬기기를 훌륭하게 감당할 수 있기를 소망합니다.

어느
사역자의
고백

01

Confessions of a Do-Gooder

사람에게 보이려고 그들 앞에서 너희 의를 행하지 않도록 주의하라
그리하지 아니하면 하늘에 계신 너희 아버지께 상을 받지 못하느니라
그러므로 구제할 때에 외식하는 자가 사람에게서 영광을 받으려고
회당과 거리에서 하는 것같이 너희 앞에 나팔을 불지 말라
진실로 너희에게 이르노니 그들은 자기 상을 이미 받았느니라
너는 구제할 때에 오른손이 하는 것을 왼손이 모르게 하여
네 구제함을 은밀하게 하라 은밀한 중에 보시는 너의 아버지께서 갚으시리라

• 예수 (마태복음 6:1-4)

그들은 수중에 가진 모든 것들을 들고 날랐습니다. 오래된 우유 상자, 축축히 젖은 매트리스, 냄비와 프라이팬. 그들이 지닌 세간붙이들은 거의 모두가 내다 버려야 할 물건들처럼 보였습니다.

빗소리를 따라 고마Goma 사람들은 붉은색의 질척이는 거리로 쏟아져 나왔습니다. 맨발 또는 슬리퍼를 신은 사람들이 기세니Gisenyi로 향하는 거리를 따라 줄지어 걸었습니다.

그들 뒤로 니라공고Nyiragongo 산이 어렴풋이 보였습니다. 화구호에 남아 있는 잔여물들에서 흘러나온 용암은 그 주변 길가에 위치한 모든 집들을 집어 삼켰습니다. 고마의 중심부에서 시작된 용암의 분출로 인해 난민들은(사실은 이재민이지만 국경 근처와 국경을 넘어서까지 피난을 가야 해서 난민으로 칭하겠습니다) 르완다 국경지대로 이동해야만 했습니다.

하얀 랜드 쿠르저에 앉아 있던 나와 아내 로렐은 콩고민주공화국에서부터 이동하는 난민들의 행렬을 지켜보고 있었습니다. 길가에 있는 몇 대 안 되는 차량인지라 우리는 이동할 수조차 없었습니다. 사람들이 랜드 쿠르저 주위로 몰려들어 안을 들여다보는 통에, 그들에게는 우리가 정말 낯선 외국인이라는 사실이 새삼 실감이 났습니다. 나는 라디오 볼륨을 높였습니다. 하지만 아프리카의 밥 말리로 통하는 럭키 두브Lucky Dube의 레게 비트는 이 상황을 벗어나는 데 별 도움이 되지 않았습니다. 나는 아주 잠시 동안만 갇혀 있는 것이라고 생각하려고 했고, 곧 떠날 수 있을 것이라고 스스로 안심을 시켰습니다. 군중은 곧 사라졌고, 에어컨이 나오는 차량의 백미러 뒤로는 재앙 속에 갇힌 40만 명의 끝없는 난민들이 줄지어 이어지고 있었습니다.

이들은 꼼짝 할 수 없이 갇힌 사람들이었습니다. 탈출을 위한 어떠한 선택도 불가능한 사람들이었습니다. 만약 돌아간다고 해도, 그들에게 있어 '평범한 삶' 즉, 극심한 빈곤과 판잣집에서의 생활은 기대할 수도 없을 것입니다.

상사는 내가 그곳에서 일주일만 더 머무르기를 원했습니다. 하지만 나는 그곳을 떠나고 싶었습니다. 며칠 더 묵고 안 묵고에 상관없이 나는 르완다의 수도 키갈리Kigali에 위치한 마이크로 파이낸스 기관의 경영 책임자라는 신분으로 돌아갈 겁니다. 그러면 이 난민들과는 달리 퍽퍽한 이 현실에서 탈출할 수 있을 것입니다.

난민 캠프를 섬길 준비를 하고 있을 때 나는 정말 열성을 다해서 이들을 돕고 싶었고, 뭔가 더 나은 것들을 만들어낼 수 있다는 그 가능성에 흥분해 있었습니다. 난민들은 계속해서 캠프로 쏟아져 들어왔습니다. 로렐은 나보다도 더 잘 견뎌내는 듯 보였습니다. 급증하는 수의 아이들과 함께 손뼉 치며 놀기도 하고 껴안아 주기도 했습니다.

나는 키갈리가 그리워졌습니다. 비는 그칠 줄을 모르고 내렸습니다. 나는 몹시 지쳤고, 젖은 옷을 입는 것도, 바닥에서 자는 것도 지겨워졌습니다. 난민 구호 기관들과의 끝없는 미팅도 나를 지치게 만들었고 여러 구호 단체들 내에 팽배해 있는 정치적 갈등은 더욱더 진을 빼놓고 있었습니다.

하지만 그중에서도 가장 지치게 만들었던 건, 바로 이 일을 왜 하고 있는가에 대한 진정한 동기를 묻는 나 자신과의 충돌이었습니다.

파워 게임

우리가 도착했을 때, 고마에는 유엔 관계자와 전 세계 구호 단체 내에서 힘깨나 있는 사람들이 집결해 있었습니다. 이 기관들은 매스컴의 떠들썩한 보도와 함께 일을 착수하려고 이곳으로 날아온 것입니다. 놀랍게도 이들이 처음으로 착수한 일은 바로 난민 캠프 내에 자신들이 속한 기관의 스티커를 붙이는 일이었습니다. 전신주와 자동차에 자신들의 NGO 마크를 부착하면 이들의 뉴욕 광고 대행사 입장에서는 광고 효율이 올라가기 때문입니다. 하지만 이들은 정작 난민들에 대해서는 까맣게 잊고 있는 듯 보였습니다.

그 적나라한 예로 담요를 들 수 있겠습니다.

중앙 아프리카 지역이긴 했지만, 우기와 지리상 높은 고도 때문에 고마의 날씨는 놀랄 만큼 추웠습니다. 자신들의 터전을 떠날 수밖에 없었던 빈곤에 처한 이들에게는 따뜻한 옷이 필요했습니다. 수그러들 줄 모르는 비와 지속적인 냉기 때문에 나는 우비와 긴 팔에 카키바지를 입고 있었고 그런 내 모습이 내심 불편했습니다. 많은 아이들이 찢겨진 옷 외에는 아무것도 걸치고 있지 않았습니다. 다행히 미국 교회들로부터 자금을 받아 이 지역에서 구매한 담요들이 있었습니다. 하지만 우리는 그것들을 나눠줄 수 없었습니다.

어떻게, 누구에게 구호 물품과 서비스를 제공할 것인지를 결정하는 이들은 이름 있는 NGO단체들이었습니다. 미국에서 고마로 한가득 전달되는 구호 담요 더미에 관한 내용을 미국의 뉴스 기자들이 취재하고 싶어 한다는 소식이 돌았습니다. NGO들은 개별적으로 스포트라이트를 받고 싶어 했기 때문에, 각 단체의 리더들은 촬영을 하는 동안 어떤 NGO가 담요를 나눠줄 것인가를 놓고 논쟁을 벌이기 시작했습니다. 담요는 우리의 밴에 가득 실려 있었고 이미 나눠줄 채비를 다 마친 상태였습니다. 하지만 이틀 동안 난민들은 담요 없이 생활해야만 했습니다. 다음번 선적이 도착할 때까지 담요는 그 누구에게도 전달되지 않았습니다.

마침내 선적이 도착했지만, 그곳에서는 어떤 CNN 기자도 나타나지 않았습니다. 단지 소문이었던 것이지요.

이젠 매스컴 보도를 두고 경쟁할 필요가 없어졌기 때문에 유명 NGO단체들은 마침내 우리가 담요를 나눠주는 것을 허락했습니다. 비로소 담요를 나눠줄 수는 있었지만 여전히 우리는 마피아의 조종 하에 지배당하고 있다는 느낌이 들었습니다. 담요를 분배할 준비를 하는 동안 우리의 파트너 기관들은 외국인 후원자들로부터 동정심을 이끌어낼 수 있는, 찢어진 옷을 걸친 수척한 얼굴의 —소위 말하는 '모범적인 모습'의— 몇몇 콩고 난민들을 따로 모아놓는 것이 아니겠습니까.

완벽한 사진을 찍기 위해서 그들은 이불을 나눠주는 장면을 연출하며 콩고 주민들을 계속해서 앞뒤로 이리저리 오가도록 만들었습니다.

조작된 속물적인 광경이라고 느꼈습니다. 물론 구호 기관들로서는 존재 이유를 더 널리 알리고 더 많은 후원을 이끌어낼 필요가 있는 것은 사실입니다. 하지만 자신들이 섬기는 사람들의 존

엄성을 인정하면서 그렇게 할 수는 없는 걸까요? 구호 산업은 마치 무너진 시스템처럼 보였습니다. 하지만 내 마음속에도 마찬가지로 같은 속셈이 존재하고 있다는 것을 깨닫기까지는 그리 오래 걸리지 않았습니다.

지금도 그때를 떠올릴 때면 속이 메슥거릴 만큼 속상한 순간, 마침내 내가 담요를 나눠줄 차례가 돌아왔습니다. 바로 스포트라이트를 받을 수 있는 때였습니다. 나는 플랫폼에 올라서서 일렬로 줄지어 서 있는 사람들에게 담요를 나누어주었습니다. 마치 놀이동산에서 줄지어 기다리는 행렬처럼 밧줄을 따라 길게 늘어선 행렬은 매우 인상적인 동선을 만들었고, 모두의 관심이 집중되는 그 자리에는 바로 내가 서 있었습니다.

각각의 가족들에게 정해진 몫을 전달하기 위해 우리에게는 가족 명단이 주어졌습니다. 나는 맨 첫 줄에 서서 모든 것을 다 잃은 가족들에게 일일이 담요를 전달해주었습니다. 숭고한 동기. 숭고한 목적. 25명의 구호 단체 직원들의 숭고한 행위. 사진 기자는 사진을 찍었고 나는 '하나님의 일'을 했다는 듯이 카메라를 향해 큰 미소를 지어 보였습니다.

내 머리 속을 스치는 생각은 담요를 받는 사람들에 대한 것이 아니었습니다. 나는 '사람들이 다 떠나면 얼른 집에 가서 사진이 얼마나 잘 나왔는지 봐야겠어' 하는 생각을 하고 있었던 것입니다.

몇 주 뒤에 사진을 보고 나는 쓰레기통에 던져버리고 말았습니다. 진정성 없는 미소를 띠고 있는 모습의 그 사진이, 마치 음흉한 마음으로 저지른 범죄 현장의 증거물처럼 보였기 때문입니다. 녹화된 영상을 보며 그 당시 바로 내 앞에 있는 사람들을 사랑하는 마음은 잊어버린 채 저 멀리 떨어진 관객들을 향해 연기를 하고 있었음을 깨달았던 것입니다.

　당시 사진을 찍어준 동료는 '치즈'라는 자막을 넣은 사진을 이메일로 보내주었습니다. 바로 내가 느낀 기분 그대로였습니다. 인공적으로 우유를 썩혀서 만든 치즈가 된 기분 말입니다. 비록 한 번도 입 밖으로 표현해본 적은 없지만 나는 우리 부모님이 친구분들에게 자랑할 수 있는 아들, 선한 일을 하는 이, 가엾은 사람들을 섬기는 마치 남자 마더 테레사와 같이 항상 대중에게 좋은 사람으로 보여지길 원했습니다. 인생 전반에 걸쳐서 나는 항상 바른 길을 걷고 있다고 생각했습니다. 과거가 깨끗한 사람이자 '착한 목사 아들'이라는 꼬리표를 유지해왔기 때문입니다. 하지만 나의 내면과 밖으로 비춰지는 행위는 일치하지 않았습니다. 그리고 그것에 대해 이야기하기를 꺼렸습니다.

　선한 일을 하기란 처음에 생각했던 것보다 훨씬 더 어려운 일이었습니다. 진정으로 긍정적인 영향력을 미칠 수 있는 프로그램을 디자인하는 것은 물론, 올바른 태도와 동기를 가지고 섬기는 것 역시 어려운 일이었습니다.

담요를 나눠주고 나서 일주일 후 난민 캠프에서의 마지막 날에, 살고자 고군분투하는 난민들에게 둘러싸인 채 새하얀 랜드크루저에 앉아 있는 동안, 아마도 그런 이유 때문에 나는 그곳을 빨리 벗어나고 싶어 했는지도 모릅니다.

일보 후퇴

나는 결국 대학원에 진학하는 바람에 아프리카를 잠시 떠날 수 있었습니다. 대학원이라는 곳은 나를 비롯해서 지칠 대로 지친 수많은 젊은 구호 단체 봉사자들에게 개발도상국을 떠날 수 있는 그럴 듯한 이유를 제시해주는 곳입니다.

매사추세츠의 알링턴 캠브리지 타운 근처에 살면서 나는 매일 아침 가을 날씨를 느끼며, 노트북과 책을 등에 메고 1970년도 슈 핀사의 자전거를 타고 매사추세츠 대로를 따라 달리며 차가운 아침공기에 상쾌한 기분을 느끼곤 했습니다.

지저분한 실제 생활을 통한 체험이 아닌 책상에 앉아서 개발 이론을 배우는 것은 탈출구와도 같았습니다. 현지 사람들과 그들이 처한 실제 상황으로부터 멀찌감치 떨어져 있으니, 그들에게 필요한 올바른 해답을 찾는 일이 훨씬 쉽게 느껴졌습니다. 또한 세상을 바꾸겠다는 열의에 가득 찬 열정적인 젊은이들에게 둘러싸이게 되니 나 역시도 젊어지는 기분이었습니다. 그렇게 잠시 후퇴해 있던 시간은 매우 빨리도 흘러갔습니다.

졸업 전에 나와 동기들이 마쳐야 할 마지막 주요 프로젝트는 정책 분석이었습니다. 나는 콩고로 돌아와 어떻게 하면 깨끗한 물 공급과 HOPE 인터내셔널의 역할이 잘 조화될 수 있을지를 조사했습니다.

HOPE는 비영리 기관으로서 가난한 사람들이 사업을 시작하거나 확장할 수 있도록, 그리하여 가난으로부터 스스로 벗어날 수 있는 기회를 갖도록 사람들에게 저축, 대출, 그리고 성경적 원리에 근거한 사업을 위한 교육 등을 제공하는 마이크로 파이낸스 기관입니다. 전 세계에서 사업하기에 가장 어려운 곳 중에 하나인 이곳에서 새로운 프로그램을 실행하고자 하는 이 기관의 열정에 매료된 나는 이들이 콩고에서 공식적으로 사업을 착수하기 전에 바로 현장 가까이에서 일어나는 이 사역을 목격하고 싶었습니다.

킨샤사에서 일주일을 보낸 후, 나는 아내로부터 빨리 연락을 달라는 이메일 한 통을 받았습니다. 새벽 4시에 이메일을 확인한 나는 발코니로 나가서 아내의 매우 흥분된 목소리를 들었습니다. "여보, 나 임신했어!"

너무 기쁜 나머지 우리는 동네 이웃주민들을 모두 깨울 만큼 모든 자세한 이야기를 나누었습니다. "어떻게 알게 된 거야? 언제가 출산 예정이래? 이름은 뭐라고 지을까? 아기가 생기면 글로 벌 사역에 대한 우리 소망이 영향을 받게 될까?……" 그날 밤 나는 잠을 잘 수 없었습니다. 이후에 엄청난 전화요금 고지서를 받았지만 그만 한 값어치가 있었습니다.

바로 다음날 나는 이 기관의 대표인 에릭과 때마침 킨샤사를 방문 중이던 그의 아내 페니와 점심을 함께했습니다.

함께 앉아 있는 도중, 에릭은 나를 보며 물었습니다. "펜실베이니아의 랑카스터에서 내 자리를 이어받아줄 수 있겠어요?" 그는 다른 기관으로 옮겨 갈 계획이었기 때문에 기관에서는 새로운 책임자를 찾고 있는 중이라고 말했습니다.

머리 속이 정신 없이 돌아가는 것 같았습니다. 새로운 아기, 새로운 직장, 새로운 터전 (랑카스터는 아미시 족이 사는 곳이 아니든가?) '머리 속이 정신 없이 돌아가는 것'이 왠지 내 인생의 다음 장을 묘사하는 데 아주 적절한 표현이 될 것이라는 어렴풋한 짐작이 들었습니다.

준비, 시—작!

나는 딱 적당한 시기에 사역에 합류했습니다. 일을 시작한 지 얼마 되지 않았을 때 무하마드 유누스Muhammad Yunus는 초기 마이크로 파이낸스 설립 공로를 인정받아 노벨 평화상을 수상했고, 이는 뜻하지 않게도 북미 교회들로 하여금 소액 금융이 가난한 사람을 빈곤으로부터 탈출하게 하는 강력한 도구로 사용될 수 있다는 것을 일깨워주는 계기가 되었습니다.

그 당시 신앙을 기반으로 한 아주 소수의 조직들만이 마이크로 파이낸스 분야에서 활동하고 있었기 때문에 우리 기관은 빠른 시간 내 두각을 보이며 이 분야에서 입지를 굳히게 되었습니다. 적극적으로 지지해준 이사회와 매우 관대한 성품을 지닌 초기 설립자, 그리고 우리가 지향하는 바를 보여주는 아주 분명한 비전 덕분에 우리의 사역은 초기의 활동 근거지였던 우크라이나와 중국을 시작으로 콩고에까지 넓혀 갈 정도로 성장해 나갔습니다.

단기간 내에 우리는 아이티와 아프가니스탄을 포함한 전 세계의 저개발국가들을 대상으로 사역을 확장해 나갔습니다. 또한 우리는 도미니크 공화국의 에스페란자Esperanza, 필리핀의 커뮤니티 변화개발센터Center for Community Transformation와 같은 기독교 가치관을 중심으로 세워진 기관들과 전 세계적으로 파트너십을 맺었습니다. 헌신적인 직원들과 후원자들로 구성된 그룹들 덕분에 우리는 3천 명의 사업자들을 섬기던 네트워크에서 8년 만에 무려 40만 명이 넘는 사업자들을 섬기는 조직으로 확장되었습니다. 후원금 수입은 10배나 상승했습니다. 우리는 백만 번째 대출 기록을 세운 것을 축하했습니다. 나는 친구와 함께 마이크로 파이낸스에 관한 책을 썼고, 강연을 다니고, 전 세계를 돌아다녔습니다.

하지만 점차적으로 몇 년 전 랜드 크루저 안에서 느꼈던 동일한 감정을 느끼기 시작했습니다. 피곤하고 실망스럽고 하나님이 끝까지 책임져주시지 않는 듯한 기분 말입니다. 이렇게 많은 선한 일을 하는데 과연 내 마음의 온전한 평안은 어디서 찾을 수 있단 말인가? 왜 아내는 나와 감성적으로 멀어지기 시작했고 모든 계획을 나를 배제한 채 세우게 된 걸까?

왜 우리가 사역을 하는 곳에서 납치, 강도, 살인 등을 목격하게 되는 걸까?

크리스천의 삶은 이래서는 안 된다는 생각이 들었습니다.

그 당시 친구 아드리안은 '크리스천 카르마'라는 개념을 설명하는 이메일을 보내주었는데, 이는 거의 완벽하게 내 불만족의 근원에 대해서 묘사하고 있었습니다. 간략히 말해 나는 하나님과 나 사이에 거래를 맺는다고 생각했던 것입니다. 내가 뿌린 만큼 거둘 것이다. 내가 주는 만큼 받을 것이다. 선한 일을 하면 선한 결과들을 얻을 것이다. 이런 가정 하에서 내가 바라던 모습으로 결과물이 나타나지 않을 때면 매번 실망했던 것입니다. 크리스천 카르마는 제대로 작동하지 않았습니다. 만약 당신이 교회에서 오랫동안 사역을 해온 사람이라면, 선한 일을 한다고 해서 우리 삶에 오직 좋은 일들만 생기는 것은 아니라는 걸 잘 알 것입니다.

벼랑 끝에 서서

돌이켜보면 어디서 사역을 하든, 올바른 일을 하기 위해 얼마나 힘들게 노력했든 상관없이, 결국 그 끝엔 지속적인 환멸과 기진맥진함만 있는 길을 따라 걸어갔던 것 같습니다. 내가 성공에 관한 비뚤어진 시각을 가졌다는 것을 일깨워줄 수 있는 누군가의 도움이 필요했습니다. 나의 어리석음을 지적해줄 수 있는 진정한 친구들이 없었던 나는 그렇게 더욱더 고립되어 갔습니다. 사역 자체가 믿음과 가정보다 더 중요한 것이 되어버렸습니다. 선한 일을 하고자 했던 의도는 단지 나 자신을 위한 것에서 비롯되었지 하나님의 사랑에 응답하고자 하는 기쁜 마음에서 우러나온 것이 아니었습니다.

다행히도 가장 결정적인 순간에, 전혀 나와는 잘 어울리지 않을 것 같은 한 사내가 내 일상으로 찾아와 선한 일에 대한 잘못 다져진 기초를 재발견하게끔 도와주었습니다.

논의할 질문

1. 크리스천 카르마란 당신이 선한 일을 할 경우, 의심할 여지없이 복을 받을 것이라는 생각을 뜻합니다. 당신은 이와 같은 잘못된 생각을 받아들였던 적이 있습니까?

2. 크리스천 카르마와 같은 이론은 섬김의 사역을 하는 데 있어서 우리에게 어떤 영향력을 미칠까요?

3. 타인의 인정을 받기 위해서 누군가를 섬긴 적이 있나요? 그 당시 당신이 가졌던 동기를 어떻게 정의하겠습니까?

콩고에서 담요를 나눠주던 그 당시의 모습을 보고 싶으시다면
www.peterkgreer.com/danger/chapter1을 방문해보십시오.

생기발랄한
은총

02

Sparky Grace

주께서는 제사를 기뻐하지 아니하시나니 그렇지 아니하면 내가 드렸을 것이라

주는 번제를 기뻐하지 아니하시나이다

하나님께서 구하시는 제사는 상한 심령이라 하나님이여 상하고 통회하는 마음을

주께서 멸시하지 아니하시리이다

• 다윗 왕 (시편 51:16-17)

스파키 그레이스Sparky Grace를 처음 만났을 때 나는 그를 별로 좋아하지 않았습니다. 그 역시도 별로 나에게 관심을 보이지 않았습니다.

사역을 위해서 펜실베이니아로 이사한 뒤 얼마 되지 않았을 때, 그의 집에서 열린 크리스마스 파티에서 우리는 처음 만났습니다. 쿠션이 빵빵한 소파 위에 앉아 있던 스파키는 저녁 내내 자신이 수집한 총들을 자랑했고 할로 3과 같은 비디오 게임에 관한 이야기를 늘어놓았습니다. 나는 그가 단지 총, 비디오 게임, 사치스러운 휴가에만 몰두하는 사람이라고 생각했습니다.

우리에게 진정한 공통점이라고는 단.하.나.도 없었습니다.

그렇게 몇 주가 지난 뒤, 아내가 스파키 부부와 함께 시간을 보내자고 제안했을 때에도 나는 별로 내키지 않았습니다. 하지만 스파키는 나를 놀라게 했습니다. 그가 사용하는 언어는 웬만해서는 교회에서 들을 수 없는 것들 투성이였고, 괴짜 같은 취미를 가지고 있었지만 (간단한 예로는 최근에 만든 홈메이드 수류탄 발사기가 있음), 그는 내가 만나본 그 어느 누구보다도 투지력 있는 신앙심을 지닌 사람이라는 것을 깨닫기까지는 오래 걸리지 않았습니다. 남들이 보통 묻기를 주저하는 어려운 질문을 던지는 데 두려움이 없던 그는 소위 말하는 '크리스천처럼 행동하기'라는 사회의 압력을 전혀 느끼지 않은 채 생활했습니다. 문화적으로 형성된 건전한 종교 생활이라는 이름 하에서 연극을 하려는 대신, 진정한 삶의 의미와 목적을 향해 지칠 줄 모르는 갈급함을 가진 사람처럼 생활했습니다.

그가 우리 집 뒷마당에 앉아 자신의 이야기를 들려주었을 때는 마치 영화 한 편을 보는 듯한 기분이 들었습니다. 고상한 기독교인 주민들이 모여 살던 랑카스터에서 살았던 그는 유독 독특한 집안에서 자랐습니다. 부모님이 이혼한 후, 스파키는 매주 주말이면 아버지와 술집에서 만나 콜라와 체리주스를 마시며 함께 시간을 보냈습니다. 그리고 어린 나이에 호기심으로 마약과 음주를 시작했습니다.

그러다 한 소녀를 만났습니다. 캐리는 스파키에게 교회에 다시 나가자고 설득하였습니다. 그는 다시 새사람이 되었습니다. 이 둘은 결혼을 했습니다. 둘은 모두 직장 경력을 쌓는 데 초점을 맞추었고 좋은 직장을 갖게 되었습니다. 이 둘은 아름다운 하얀 집도 구입했습니다. 이들은 호화로운 파티도 열었습니다. 모든 것이 한 편의 동화처럼 완벽했습니다.

하지만 스파키의 삶은 해피엔딩이 아니었습니다. 미국 전역을 여행하면서 엄청난 세일즈를 거두었지만 술도 엄청나게 마시게 되면서 동화는 끝이 나버리고 말았습니다.

인생의 바닥을 치던 시점에서 캐리와 스파키는 다시 교회에 나가기 시작했습니다. 내가 스파키를 만난 때가 바로 그때입니다. 그는 종교 자체에는 매우 무관심해 보였지만, 인생의 또 다른 의미를 찾으려는 것에는 간절해 보였습니다. 내가 만나본 그 어느 누구보다도 진리를 찾기 위해 노력하는 사람이었습니다. 신실하게 진리를 추구하기에도 벅찼기 때문에 그는 종교적인 겉치레까지 신경 쓸 새가 없었던 겁니다.

스파키와 나는 완전히 다른 종류의 사람이었습니다. 나는 목사의 아들이었고, 그는 경찰관의 아들이었습니다. 나는 사람들과 함께 교회에서 음식을 나누어 먹으며 자랐고, 스파키는 술집에서 아버지와 시간을 보내며 성장했습니다.

내가 선교 여행하며 여름 방학을 보내는 동안 스파키는 열 살이던 여름 방학 내내 집에서 폭탄을 만들며 시간을 보냈습니다. 스파키의 삶은 산산조각이 나 있었습니다. 반면에 나는 곧게 뻗은 좁은 길을 발끝으로 조심 조심 걷는 삶을 살아왔습니다. 하지만 외관상으로 보여지는 것들이 모두 진실은 아닙니다.

두 형제 이야기

스파키를 만나고 나서, 《마르지 않는 사랑의 샘 *The Prodigal God*》
이라는 책을 읽었습니다. 가장 많이 알려진 성경의 한 이야기를
재구성한 훌륭한 책입니다. 팀 켈러 Tim Keller가 쓴 이 책은 특정한
성경 속의 이야기를 더 깊이 이해할 수 있도록 설명해주었을 뿐
만 아니라 기독교인들이 고수하는 신앙의 피상적인 겉치레를 과
감히 깨부수어줍니다.

그동안 널리 받아들여져 왔던 이야기와는 달리, 이것은 한 방
탕한 아들에 관한 이야기가 아닌 두 형제에 관한 이야기입니다.
한 명은 쾌락주의자였고 다른 한 명은 독선적인 사람이었습니
다. 이 둘 다 아버지로부터 소원해졌습니다.*1 따라서 '돌아온 탕
자'는 좀 더 정확하게 말하자면 '돌아온 탕자들'이라고 불러야 합
니다.

우리에게 익숙한 버전의 이야기는 대강 다음과 같습니다.

반항적이고 고집불통인 둘째 아들이 아버지에게 유산을 요구
합니다. 아버지는 그 요구를 받아들입니다. 그 후 모든 것을 탕진
해버린 아들은 빈곤에 처하자 누군가의 도움을 필요로 하는 처지

가 되었음을 깨닫게 됩니다. 살기 위해서 이 아들은 수 세기 동안 더러운 동물로 여겨져 왔던 돼지 우리를 돌보며, 심지어 돼지의 사료도 먹게 됩니다. 절망적인 나머지, 아들은 아버지 밑에서 일하는 하인이 될 각오를 하고 아버지에게로 돌아갑니다. 하지만 너무 관대하게도 아버지는 아들을 반갑게 맞아들이며 상속자로서의 신분을 회복시켜줍니다.

이 이야기의 요점은 매우 분명해 보입니다. 불량한 아들이 아버지를 통해 우리를 향한 하나님의 관대한 은혜를 깨닫게 되었다는 것입니다. 하지만 켈러는 이런 식의 해석에만 그친다면 이야기의 초점을 놓치는 것이라고 말합니다.

이는 예수께서 이 비유를 말씀하신 청중을 떠올려봤을 때 더욱 분명해집니다. 바로 종교 지도자들과 그 당시 사회에서 가장 보수적이고 바른 삶을 사는 사람들 말입니다.

아우가 돌아온 잠시 뒤, 이 이야기에서 덜 중요하게 묘사된 인물인 탕자의 형은 들판에서 일하다 아우가 돌아왔다는 것과 동생을 위해서 아버지가 파티를 열어준다는 소식을 듣게 됩니다. '형은 화가 난 얼굴로 집 밖으로 나가버렸고 파티에 동석하기를 거절함으로써' 그렇게 아버지에게 불만을 표시했습니다. 중동 문화에서 이러한 행위는 동생의 도발적인 반항과도 같은 수준의 수치스러운 행동입니다. 아버지가 여태껏 연 연회 중에서도 가장 큰 연회에 참석하기를 거부함으로써 형은 아버지에게 불명예스러운 행동을 한 것입니다.

하지만 이번에도 마찬가지로 아버지의 반응은 예상 밖이었습니다. 형을 꾸짖기보다는 밖으로 나가 형에게 집으로 들어오기를 간청합니다.

아버지는 밖으로 나가 대화를 시도했지만 그는 듣지 않았다. 아들은 말하기를 "단 한 번도 아버지를 속상하게 한 적 없이, 아버지 곁에서 얼마나 많은 세월을 섬겨왔는지 아세요? 그런데도 저와 친구들을 위해서 파티 한 번 안 해주셨잖아요. 그런데 아버지의 돈을 창녀들에게 모두 탕진한 아들을 위해서 연회를 열어주시다니요!"

아버지는 말했습니다. "아들아, 너는 이해하지 못한다. 너는 나와 항상 함께해왔고, 내가 가진 모든 것이 바로 너의 것이란다. 하지만 지금은 너무 기쁜 시간이니 마땅히 우리가 함께 축하해야 하지 않겠느냐. 너의 아우는 죽었다가 지금 살아서 돌아왔잖니. 한때 잃어버린 아들이었지만 이제 다시 돌아왔잖니!"

이 이야기는 결국 두 형제를 향한 아버지의 동일한 사랑과 용서에도 불구하고, 형은 입이 삐죽 나와 아우가 집 안에서 파티를 하는 동안 밖에서 머물렀다는 내용으로 끝납니다.

영적으로 막다른 골목

두 형제는 모두 동일한 것을 원했습니다. 아버지의 돈과 소유물 말이지요. 작은아들은 대놓고 반항적인 방법으로 그것을 표현했고 큰아들은 복종함으로써 자신이 원하는 것을 표현했습니다. 형은 선한 일을 함으로써 아버지에게 더 신뢰받을 것이라고 믿었습니다.

그는 아버지가 자신을 소유하고 있다고 느꼈습니다.

큰아들이 자기 입장을 아버지에게 어떻게 전달했는지 잘 보십시오. "단 한 번도 아버지를 속상하게 한 적 없이, 아버지 곁에서 얼마나 많은 세월을 섬겨왔는지 아세요?"

그가 가진 직업 윤리와 도덕 그리고 섬김에 대한 태도가 결국 그로 하여금 아버지와 함께 집 안에서 파티를 함께 즐길 수 없도록 막은 것입니다.

형이 아버지와 멀어진 이유는 쾌락주의 때문이 아닙니다. 그가 해온 모든 선한 일 때문이었습니다. 선한 행위는 그 자체로 궁극적인 목적이 되어버렸고, 이로 인해 그와 아버지 사이에 장벽을 쌓고 맙니다.

이 이야기의 요지는 바로 희생을 해가며 하나님을 섬기면서도 그 과정에서 온전히 자기 중심적이 될 수 있다는 가능성에 대해 말하고 있는 것입니다. 도덕적으로 올바른 사람들도 쾌락주의자인 아우처럼 하나님으로부터 멀리 떨어진 채 섬김이라는 행위를 할 수 있습니다. 유진 피터슨Eugene Peterson은 이것을 다음과 같이 완벽하게 묘사했습니다.

우리 모두 한 번쯤은 특정한 영적인 유형의 사람들을 만나본 적이 있습니다. 그녀는 너무 좋은 사람이지요. 그녀는 하나님을 사랑하는 사람입니다. 그녀는 항상 기도하고 성경책을 읽습니다. 하지만 그녀가 생각하는 것은 바로 그녀 자신뿐입니다. 그녀는 결코 이기적인 사람이 아닙니다. 하지만 그녀가 하는 모든 일의 중심에는 자신이 서 있습니다. '내가 어떻게 더 잘 하나님의 사랑을 간증할 수 있을까? 어떻게 하면 내가 이 일을 더 잘할 수 있을까? 어떻게 하면 내가 이 사람의 문제를 더욱 잘 돌보아줄 수 있을까?' 모든 것이 나, 나, 나에 대한 것뿐이지만, 그녀 입에서 나오는 영적인 이야기들이 우리의 긴장을 완화시키기 때문에 막상 진실을 들여다보기 힘듭니다. *2

나는 《마르지 않은 사랑의 샘》을 읽으면서 스파키가 집에서 직접 제조한 미국 독립기념일 기념 폭죽처럼, 그동안 고수해온 나만의 세계관이 폭발하는 듯한 기분을 느꼈습니다.

예수께서는 하나님으로부터 멀어지는 두 가지 유형의 사람들을 설명하기 위해 이 이야기를 들려주셨던 것입니다. 비도덕적인 쾌락주의자와 도덕적이지만 거만한 자. 이 두 가지의 길 모두 영적으로 막다른 골목입니다.

쾌락주의는 (선한 일을 하는 중에 우리가 느끼는) 영웅주의와 극단적으로 대비되는 개념이 아닌 항상 함께하는 개념입니다. 이 둘은 모두 우리 스스로에게 초점을 맞추고 있는 마음을 일컫습니다. 그 중심에는 우리가 원하는 방식대로 되기를 소망하는 이기적인 마음이 자리잡고 있습니다. 비록 하나는 선한 일로, 그리고 종교적인 섬김으로 포장되어 있지만 결국 이 둘은 모두 텅 빈 껍데기에 불과합니다.

탕자들에 관한 이야기는 바로 스파키와 나에 관한 이야기처럼 보였습니다. 그는 아버지에게 돌아온 작은아들이었고 반면에 나는 하나님의 호의를 얻고자 열심히 노력하는 큰아들이었습니다.

스파키는 관계에 집중했습니다. 나는 더 많은 사람들이 알아주고 영향력을 끼칠 수 있는 상을 원했습니다. 하지만 스파키는 관계 그 자체가 보상이라는 것을 깨달았습니다. 섬김 그 자체에만 몰두하던 나는 요점을 망각하고 말았습니다. 내가 받을 선물은 하나님 그분 자체라는 것을 말입니다. 스파키는 내가 만난 어느 종교적인 사람들보다 예수님의 은총과 그분의 삶을 더 잘 이해하고 있었습니다.

아낌없이 주는 은총

인생의 바닥을 치고 나서 스파키는 사랑과 용서로 충만한 하나님과 그의 가정으로 다시 돌아왔습니다. 그는 모임에서 환영을 받았고, 은혜의 개념을 온전히 이해하였으며, 다른 사람에게 동일한 축복을 부어주는 데 인색하지 않았습니다.

나는 손재주가 있는 사람이 아닙니다. 정말 형편없는 수준입니다. 최근에 수도가 새길래 직접 고치려고 해봤지만 소용이 없어서 배관공을 불러야만 했습니다. 배관공이 도착했을 때 그는 20초 만에 느슨한 호스를 조였고 그러자 짜잔! 수도가 더 이상 새지 않았습니다. 나는 80달러와 덤으로 가장으로서의 체면까지도 함께 날려버렸습니다.

그런데 스파키는 손재주의 달인입니다. 그는 고등학생 때부터 나무로 새를 조각하였고, 여가 시간에는 정교한 시가 박스를 직접 만들기도 합니다.

한번은 우리 부부가 주말 여행을 가 있는 동안 스파키 부부와 또 다른 부부가 함께 우리 집을 완전히 개조해서 우리를 놀라게 한 적이 있습니다. 이들은 로렐이 페인트 견본들을 집에 쌓아놓고 부엌을 새로 칠할 때가 되었다고 나를 설득하는 중이었다는 것을 알아차렸었나 봅니다.

스파키는 우리 집에 무작정 쳐들어왔습니다. 이 4인조 그룹은 단순히 페인트칠만 하고 간 게 아니라 주방을 아예 탈바꿈시켜 놓았습니다.

주말 여행에서 돌아와 현관 문을 열었을 때, 우리는 촛불로 밝혀진 부엌을 보았습니다. 세세한 부분들까지도 매우 정교하게 장식되어 있었고 주방은 마치 새것처럼 보였습니다.

스파키와 그의 일당들은 외쳤습니다.

"서프라이즈!"

차고에 숨어 있던 이들을 본 로렐은 눈물이 그렁그렁했습니다.

스파키와 그의 아내 캐리는 자신들의 집을 위해서 투자할 수도 있었던 것을, 우리에게 아낌없이 주었던 것입니다. 최근에 커다란 자작나무 한 그루가 이들의 침실을 덮친 적이 있습니다. 이들은 파란색 나일론 방수포로 임시 처리한 지붕 아래 살면서, 거실을 플라스틱 판때기를 이용해 '그나마 생활할 만한 공간'과 '재난구역'을 분리시켰습니다. 그럼에도 이들은 자신들의 상황을 걱정하기보다는 우리에게 축복을 주는 편을 택했습니다. 그들의 극진한 관대함에 우리는 할 말을 잃고 말았습니다.

스파키는 우리 부엌을 굳이 리모델링해줄 필요가 없었습니다. 하지만 자신이 받은 은총의 선물을 다른 사람에게 나눠주는 데 인색하고 싶지 않았기에 그렇게 한 것입니다. 그는 이 세상에서 가장 놀랄 만한 사랑을 받은 대가로 그렇게 한 것입니다.

스파키와 같은 작은아들들은 자신의 부족함을 압니다. 이들은 하나님의 사랑이 거저 얻은 선물이라는 것을 몸소 체험한 사람들입니다. 이는 노력해서 얻은 것이 아닙니다. 그리고 대개 이들은 파티에 맨 처음으로 참석하는 사람들입니다.

필립 얀시 Philip Yancey는 이런 글을 쓴 적이 있습니다. "영적인 성숙의 증거는 당신이 얼마나 '순수한지'를 깨닫는 것이 아니라 얼마나 '불순한' 사람인지를 자각하는 것이다." [3]

이것이 바로 스파키입니다. 그의 성이 Grace(은혜)라는 게 너무도 적절하게 맞아떨어지지 않나요?

논의할 질문

1. 돌아온 탕자의 이야기에서 당신은 형에 가까운 사람인가요? 아니면 아우에 더 가까운 사람인가요?

2. 성공, 섬김, 풍요와 같은 좋은 것들이 어떻게 하나님에게서 당신을 멀어지게 만들 수 있을까요?

3. 누가복음 15장 11절-32절을 읽어보십시오. 큰아들과 작은아들을 향한 아버지의 반응은 어떠했나요? 아버지의 반응은 당신과 나를 향한 하나님의 어떠한 마음을 대변하고 있는 것일까요?

스파키의 사진과 팀 켈러가 이야기하는 돌아온 탕자들의 이야기는
www.petergreer.com/danger/chapter2에서 찾아보실 수 있습니다.

나는 하나님의 호의를 얻고자 열심히 노력하는 큰아들이었습니다.
더 많은 사람들이 알아주고 영향력을 끼칠 수 있는 상을 원했습니다.
섬김 그 자체에만 몰두하던 나는 요점을 망각하고 말았습니다.
내가 받을 선물은 하나님 그분 자체라는 것을 말입니다.

"영적인 성숙의 증거는
당신이 얼마나 '순수한지'를 깨닫는 것이 아니라
얼마나 '불순한' 사람인지를 자각하는 것입니다."

사역이
애인이
되어버리면

사랑하는 이에게 당신이 먹다 남긴 음식을
주게 되는 영적인 위험

03
When Ministry Becomes Your Mistress

당신이 크리스천이라는 것을 모든 사람들이 알 수 있을 정도로
바르게 살아야 한다. 하지만 무엇보다도 중요한 건, 당신이 크리스천인 것을
당신의 가족들 역시도 알아야 한다.

• 무디 D. L. Moody

❖

러브 스토리

"피터, 장차 네 아내 될 사람을 만났어!"

대학교 개강을 앞둔 어느 한여름날 아침, 어머니께서는 불쑥 이런 말씀을 하셨습니다.

식탁에 앉아 있던 나는 그 말을 듣고 깜짝 놀라 어머니를 바라보았습니다.

"네?" 그저 웃었지만 조금 놀라기도 했습니다. 그런 얘기로 농담하실 분이 아니었기 때문입니다.

그 전 주에 어머니는 캠프 디어 런Camp Deer Run그룹과 함께 교회의 청소년 팀을 이끌고 마르다 와인 농장에 다녀오셨습니다. 어머니와 함께 일했던 리더 중에 로렐이라는 이름의 활달한 소녀가 있었다는군요.

한 주 동안 함께 조개를 캐고, 스노클링을 하고, 고등학교 학생들의 멘토 역할을 하면서 어머니는 로렐이 평범한 아가씨가 아님을 알아차렸습니다.

몇 주 뒤, 나는 캠프를 방문하게 되었고 헤이즐넛 색깔의 눈동자를 가진 그 소녀를 만나게 되었습니다. 캠프 숙박 시설 내 커다란 사슴 머리 박제 장식 아래에서 처음 만난 로렐에게 나는 호기심을 느꼈습니다. 그녀는 듣던 대로 똑똑하고 상냥하고 무척이나 예뻤습니다.

그리고 그녀는 가을 학기에 제가 다니던 대학에 입학할 예정이었습니다.

그해 8월 나는 대학교 4학년이 되었습니다. 신입생으로 입학한 로렐에게 나는 좋은 인상을 남겨주려 애를 썼습니다. 학교 입학 첫날 로렐의 부모님과 함께 카페테리아에서 만나 수강 신청을 도와주었고 공강 시간 중에 만나기 위해 수시로 수업 스케줄을 조절하기도 했습니다.

스토킹이 아니었습니다. 현명한 물밑 작전이라고나 할까요?

그 다음해 여름, 로렐이 예전에 내 어머니에게 강렬한 인상을 남겼던 곳인 뉴 햄프셔의 크리스천 캠프에서 그녀와 함께 일하기도 했습니다. 나는 그녀가 매주 목요일이면 교회의 야외 잔디밭에서 수화를 가르친다는 것을 알게 되었습니다. 그래서 매주 목요일이면 마치 우연인 것처럼 그 교회의 잔디밭 앞을 지나가곤 했습니다.

하지만 캠프가 끝나자 그녀는 다른 사람과 데이트를 시작했습니다. 곧 이어 로렐은 약혼을 했습니다. 나는 매사추세츠에서 2년 정도 일하다 캄보디아로 그리고 르완다로 떠났습니다. 우리는 그렇게 연락이 끊겨버렸습니다.

여동생의 결혼식 때문에 르완다에서 잠시 귀국한 나는 오래된 가족 앨범을 훑어보던 중에 로렐을 발견했습니다. 어머니가 마르다의 와인 농장에서 찍은 로렐의 사진이었습니다. 로렐은 갈매기에게 먹이를 주려고 발끝으로 서서 손을 뻗고 있었습니다.

나는 자연스럽게 물었습니다. "로렐은 어떻게 지내고 있는지 알아?" 그녀는 더 이상 약혼한 상태가 아니었습니다(그녀가 약혼을 파기한 그날 오빠 폴은 "피터 그리어, 그 친구 아마도 싱글일 텐데……"라고 말하며 그녀를 달래줬다는 사실을 나중에 들었습니다).

여동생 말로는, 로렐은 지금 아프리카에서 아이들을 가르치는 일을 찾고 있는 중이라고 했습니다.

나는 르완다로 돌아오는 비행기 안에서 내내 로렐에게 보낼 완벽한 이메일을 작성하느라 씨름했습니다. '아프리카에서 보내는 안부 인사'가 제목인 이메일은 다음과 같이 시작했습니다. '나를 기억할는지 모르겠지만……' 최대한 도움이 되는(예를 들어, '케냐, 우간다, 르완다에 있는 내가 아는 모든 사람들을 소개시켜

줄게'), 그러면서도 재미있고, 전혀 느끼하지 않아 보이는 이메일을 쓰려고 애를 썼습니다.

이것이 우리 둘 사이에 주고 받은 수많은 서신의 시초였습니다.

8개월이 지나고 로렐이 아프리카에 도착하는 그날까지 우리는 거의 600통의 이메일을 서로 주고받았습니다.

8월 14일, 나는 우간다 공항으로 로렐을 마중 나갔습니다. 우리는 나일강에서의 래프팅을 시작으로 데이트를 시작했습니다. 7주가 지나고 (서둘러서 일을 진행하려고 했던 건 아니지만) 키갈리 시내가 내려다보이는 우리 집 옥상에서 나는 그녀에게 프러포즈를 했습니다. 로렐은 "예스"라고 대답했습니다. 하늘 위에는 수많은 별똥별이 아름다운 장식을 수놓았습니다(거짓말처럼 들리겠지만 정말입니다)!

당시에 로렐의 르완다 집은 주기적으로 물과 전기가 끊기곤 했지만 우리 집은 아무런 문제가 없었습니다. 아직까지도 그때 로렐은 우리 집의 배관시설이 마음에 들어서 나와 결혼했던 건 아닌지 조금 찜찜한 면이 없지 않습니다마는…….

우리는 미국 버지니아 주에서 소규모 가족 결혼식을 했고, 또한 키갈리에 돌아와서도 전통 르완다식 결혼식을 치렀습니다. 전통 방식대로 전통 결혼식 의상을 입기 위해 로렐은 한 무리의 여자들과 함께 어디론가 사라져버렸습니다. 마침내 로렐이 식장에 나타났을 때, 그녀는 발목에 방울을 달고 노래하며 춤추는 어린 아이들과 함께 입장했습니다. 우리가 그곳에서 사귄 르완다 가족들은 우리의 뒤편에 서 있었고, 우리의 웨딩 밴드는 은다구쿤다Ndagukunda(당신을 사랑합니다)라는 글귀가 적힌 유니폼을 입고 있었습니다.

우리는 탄자니아의 해안가에 위치한 잔지바르 섬으로 신혼여행을 떠났습니다. 해안가의 외딴곳에 위치한 방갈로에서 머물며 스톤 타운을 구경하고, 각기 다양한 향신료 체험을 하고, 발 아래로 일렁이는 잔잔한 물결을 느끼며 촛불이 놓인 근사한 저녁을 먹었고, 심지어 드넓은 해안가에서 돌고래와 함께 수영을 하기도 했습니다.

이 모든 것이 마치 영화 〈아웃 오브 아프리카〉의 한 장면처럼 느껴졌습니다. 모든 게 완벽했습니다.

그 후 우리의 삶은 매우 빠르게 흘러갔습니다. 우리는 아프리카에서 2년 가까이를 보냈는데, 그때에 바로 콩고 화산 피해자들에게 담요를 나눠주는 일을 했습니다.

우리는 대학원 문제로 매사추세츠로 돌아왔고 이후 사역을 시작하게 되었습니다. 우리는 펜실베이니아로 이사를 했고 그곳에서 우리의 첫 아들인 키이스를 낳았습니다.

랑카스터에 도착한 순간부터 우리는 그곳에 있는 가장 큰 교회에 출석했습니다. 우리는 소규모 그룹 활동에 열심히 참여했습니다. 교회 피크닉에도 참석했습니다. 크리스마스 파티도 열었습니다. 주일 성경학교에서 가르치기도 했고 보육원에서 아이들을 돌보는 자원봉사도 했습니다.

그러면서 우리 가족은 점점 더 불어났습니다. 릴리아나가 태어났고 르완다에서 아들 마일스를 입양했습니다. 로렐과 그녀의 친구들은 르완다에 깨끗한 식수를 공급하는 비영리단체를 설립했습니다. 일, 교회, 가정, 친구들과의 관계 등으로 우리의 삶은 꽉 차 있는 듯했습니다.

우리는 엄청나게 많은 선한 일들을 하고 있었습니다. 그러나 그러는 중에 우리는 서로에게서 서서히 멀어져가고 있었습니다.

충돌

지금 돌이켜 생각해보면, 나의 일 중독과 과도한 여행 스케줄이 로렐로 하여금 어떤 식으로든 나 없이도 살 수 있는 삶을 만들어가게 했는지 알 수 있을 것 같습니다. 로렐은 내가 없어도 살 수 있는 법을 터득했던 것입니다. 친구들이 든든한 지원군이 되었습니다. 일상적인 가족 생활에서 나에게 의지할 수 없었기 때문에 그녀는 아예 그녀만의 일상을 만들었습니다. 항상 여행 전, 그리고 돌아오고 나서의 긴장감이 가장 심했습니다. 로렐은 내가 맡고 있는 일들의 가치를 알았기 때문에, 또한 적극적으로 지지해 주는 아내이고 싶은 마음에, 우리 둘 사이의 문제들을 밖으로 꺼내려 하지 않았습니다. 많이 참으려고 노력했지만 결국 로렐은 우리의 결혼 생활에 급 브레이크를 밟기로 결심했습니다.

아이들이 모두 잠자리에 들고 난 어느 날 저녁, 로렐은 내가 지금껏 살면서 들어본 말 중에 가장 무서운 말을 나에게 던졌습니다. "당신에게는 사역이 나보다 더 중요하군요. 나는 당신에게 하찮은 존재로밖에 느껴지지 않아요."

로렐은 나에게 많은 헌신을 해왔다고 생각했지만 정작 그녀 안에서는 결혼 생활에 대한 불만이 지속적으로 커져왔음을 고백했습니다.

나는 그 말을 듣고 말할 수 없는 충격을 받았습니다. 우리의 시작은 정말 좋았습니다. 하나님께서 우리 둘을 함께하도록 하셨음을 믿어 의심치 않았습니다. 나는 아내를 정말 사랑했습니다. 나는 아이들을 정말 사랑했습니다. 하지만 어느 새인가 나의 사역이 나의 애인이 되어버렸다는 사실을 깨닫고는 충격을 받았습니다.

알지도 못하고 피운 바람

이 불미스런 만남은 보통 순수한 의도로 시작되곤 합니다.

당신은 어느 날 보고서를 마치기 위해서 야근을 합니다. 당신은 책임감 있는 사람이고, 동료들을 도와주기 위해 본인의 업무 이상으로 일을 도맡아 합니다.

이렇게 밤을 보내다 보면 뭔가 묘한 매력을 느끼게 됩니다.

야근을 하면 결과로 보상받기 때문입니다. 상사는 당신의 성과를 좋아하게 됩니다. 당신은 일을 모두 마무리 지을 뿐 아니라 아주 '잘' 마무리합니다. 당신은 회사의 떠오르는 스타가 됩니다. 그래서 당신의 하루 야근은 여러 날의 야근이 됩니다. 배우자에게는 그저 바쁜 시즌일 뿐이라고, 걱정할 필요가 없다고 이야기합니다.

바쁜 시즌이 바쁜 한 해가 됩니다. 그리고 바쁜 한 해가 이 년, 삼 년이 되어버립니다.

그러면서 주변상황이 변하기 시작합니다. 물론 본인은 항상 죄책감을 느끼게 마련이죠. 그러면서도 전하기 어려운 말을 떨리는 마음으로 전화기에 대고 말해야만 합니다. 오늘 집에서 함께 저녁 식사를 하지 못할 것 같다는 얘기를 말입니다.

하지만 동시에 당신은 이런 감정도 느낍니다. 직장에서는 당신을 매우 필요로 하고, 당신은 많은 사람들의 지지를 받습니다. 당신은 결코 없어서는 안 되는 사람입니다.

하지만 집에서는 다르죠. 적어도 직장에서와 같은 대우는 받지 못합니다.

당신이 헌신적인 배우자가 된다고 해서, 또는 갓난아이의 기저귀를 갈아준다거나 또는 잠자리에 들기 전 아이들에게 동화책을 읽어준다고 해서 훌륭한 고과 점수를 받는 것이 아닙니다.

나의 경우에는 일 년 중 100일 이상을 집 밖에서 보냈습니다. 그리고 그보다도 더 많은 일수를 야근하며 보내느라 아이들과 함께 저녁을 먹지도 못했습니다. 로렐은 실질적으로 싱글맘과 다름 없었습니다. 그리고 그 와중에 나는 '성공적인' 커리어를 쌓아가고 있었습니다.

나는 직장에서 나를 필요로 하고 나를 가치 있는 사람으로 여겨주는 것에 너무 몰입된 나머지, 남편으로서 그리고 아빠로서의 역할이 주는 기쁨과 소중함을 잃어버렸던 것입니다.

만약 가정과 직장에서 당신을 몹시 필요로 하는 것을 느끼고 있다면, 또는 현재 미혼인 당신이 친구와 가족 사이에서 균형을 맞추는 데 어려움을 느끼고 있다면 (그리고 아무도 집에 일찍 들어오라고 하는 사람이 없으니 야근해도 상관없다고 스스로 정당화하고 있다면), 당신은 일이나 사역이 얼마나 쉽게 당신의 애인이 될 수 있는지를 이미 경험해본 사람일 것입니다.

궤도 수정

로렐의 말을 듣고 나는 위기감을 느꼈습니다. 나는 페루로 가는 출장 일정을 취소하고 업무 스케줄을 모두 비웠습니다. 그리고 가족과의 관계를 다시 회복하는 데 온 집중을 다했습니다.

하지만 이런 문제 해결 방식은 직장에서와는 달리 가정에서는 먹혀들지가 않았습니다. 후딱 고쳐버린다는 개념이 적용되지 않았던 것이지요. 나는 로렐의 신뢰와 파트너십을 잃었습니다. 나의 이러한 변화가 정말 진심에서 우러나온 것이라는 것을 로렐이 믿기까지에는 시간이 걸렸습니다. 나는 사역을 하면서 할 수 있는 위험한 거짓말의 함정에 빠져버렸던 것입니다.

사역을 통해서 하나님을 섬기는 일 = 좋은 일…… 그리고
'더 많은' 사역을 통해서 하나님을 섬기는 일 = '더' 좋은 일

하나님의 일을 한답시고 지나치게 무리하고 가족과 친구들에게 무관심해져도, 몇몇 사람들은 당신의 그러한 헌신을 기쁘게 받아들일 수도 있습니다. 누군가를 위해 내가 가진 모든 것을 다하여 섬기는 일은 좋은 일이니까요.

하지만 아무리 좋은 일이라고 해도 도가 지나치면 이는 당신뿐만 아니라 당신 주변의 사람들까지도 해치는 일이 될 수 있습

니다.

엄마들은 아이들에게 비타민을 챙겨 먹도록 권장합니다. 비타민이 부족하면 골격 결함, 시력 약화, 피부염, 빈혈을 겪을 수 있고 결국에는 몸이 망가질 수도 있습니다.

하지만 비타민을 과도 섭취할 경우, 비타민 A, D, B_6, 그리고 철분은 몸에 매우 해로울 수도 있습니다.[1] 과도한 철분 섭취는 간을 손상시키고 혈압을 낮게 하며, 우울증, 혼수 상태, 심지어는 죽음에 이르게 할 수도 있습니다.

워싱턴 D.C.의 조지타운 대학 병원의 연구 결과에 따르면 아이들의 사고사 중 첫 번째 원인은 바로 철분 보충제의 '과도한 복용'이었습니다. [2]

이와 비슷하게 과도한 사역이나 섬김 역시도 독이 될 수 있는 것입니다.

과도한 사역의 비극

밥 피어스Bob Pierce는 젊고 열정이 넘치는 기독교 신자였습니다. 1947년 그는 중국의 기독교 청년들을 위한 사역을 시작했습니다. 그곳에서 절망적인 빈곤을 목격한 뒤 그에게는 강한 연민의 마음이 끓어 올랐습니다.

그는 행동을 취하기로 했습니다. 미국에 돌아왔을 때 그의 손에는 사람들이 '입양'할 수 있는 삐쩍 마른 중국 어린이들의 사진이 들려 있었습니다. 그것이 바로 전 세계적인 구호 및 개발 단체인 '월드 비전'의 시작이었습니다.

사역은 왕성하게 성장하였지만 그의 가정사는 그렇지 못했습니다. 그는 일 년 중 열 달은 출장을 다녔습니다. 1963년 그는 극심한 신경쇠약에 걸렸습니다. 신경쇠약에 이어 그는 가족들을 저버린 채 세계를 여행 다니며 9개월 동안 어디론가 '사라져'버렸습니다.

1968년 월드 비전의 출장을 다니던 중, 그는 딸에게로부터 한 통의 전화를 받았습니다. 딸은 아버지에게 집으로 돌아와줄 것을 부탁했습니다. 자신이 문제에 처해 있다고 말했습니다. 그는 딸에게 그렇게 할 수 없는 상황이라고 이야기했습니다. 당시는 월드 비전을 막 사직한 시기여서 마지막 출장 일정을 연장해야 하는 상황이었습니다.

얼마 되지 않아 딸은 자살을 시도했습니다. 처음 시도는 실패했지만, 일 년 뒤 그녀는 스스로 목숨을 거두고 말았습니다. 피어스는 딸의 죽음 이후 스위스의 한 재활원으로 들어갔습니다.

하지만 그 다음 해 그는 '사마리아인의 지갑Samaritan's Purse'이라는 기관의 수장이 되었습니다. 그러는 와중에 아내와의 관계는 계속해서 경직되어갔고 1970년 피어스와 아내 로레인은 결국 이

혼하고 말았습니다.

생애 마지막 8년의 기간 동안 피어스는 가족과 동떨어져 있었고 죽기 일주일 전에야 아름다운 재회를 할 수 있었습니다.

월드 비전 사역의 최정상에 있을 때, 그는 사람들에게 "하나님께서 우리 가정의 불쌍하고 나약한 어린 양들을 돌보아주신다면, 나는 전 세계에 있는 그분의 불쌍하고 나약한 어린 양들을 보살피겠다고 하나님 앞에 맹세했다"고 이야기하곤 했습니다.

나는 피어스와 그의 가족을 보면 마음이 무너져 내립니다.

그가 불쌍한 사람들에게 진실된 사랑의 마음을 가졌다는 것은 그 누구도 부인할 수 없을 것입니다. 그는 다음과 같은 명문장도 남겼습니다. '하나님의 마음을 상하게 하는 것을 보며 나의 마음도 함께 상하게 하소서.' 그는 전 세계에서 가장 큰 두 개의 크리스천 사역 기관을 설립했습니다.

하나님께서는 그의 사역을 놀라운 역사로 이끄셨습니다. 하지만 그는 개인적 삶을 바쳐야 하는 비싼 대가를 치렀습니다. [3]

이러한 종류의 헌신이 하나님을 영광되게 하는 일일까요? 과연 다른 방법은 없을까요?

'안에서 바깥으로' 개발하기

우리 기관에서 매년 갖는 리더십 컨퍼런스에 강연을 맡아줄 사람으로 베스 버밍엄Beth Birmingham을 초빙했습니다. 그녀는 이스턴 Eastern 대학의 리더십 개발 학과의 교수이자 사람들의 마음을 사로잡는 명연설가입니다. 또한 사역 중독자의 위험을 다루는 전문가이기도 합니다.

그녀는 이미 지칠 대로 지친, 그러나 개발 분야에서 이름깨나 있는 유명한 리더들로 가득 찬 방 안을 둘러보고 우리를 향해 이렇게 말했습니다.

"혁신적인 리더십은 가정에서 시작됩니다."

직장에서 얼마나 잘 나가느냐에 상관없이, 우리가 하는 일에 아이들과 배우자가 함께 동참하지 않는 한 우리는 결코 성공한 사람이 아닙니다.

그럼 사역에 있어서 '안에서 바깥으로' 식의 접근법은 과연 어떤 것일까요?

만약 당신이 결혼한 사람이라면, 당신은 일이 아닌 배우자와 함께 서약을 맺었다는 것을 기억해야 합니다. 하나님께서는 결혼 서약을 성경의 언약과 같이 여길 것을 명령하셨습니다. 일을 하라고 배우자를 짝지어주신 게 아니란 말이지요.

당신이 하는 모든 일의 중심에는 하나님이 가장 우선순위가 되고, 그 다음은 당신의 가족이 되어야 합니다. 그리고 그 다음이 바로 당신의 일입니다. 문제는 우리가 하나님을 위한 사역과 우리의 소명을 혼동하는 데 있습니다. 이 둘은 동의어가 아닙니다.

나는 훗날 나에게 남겨진 것이라고는 오직 깨진 가정밖에 없는 모습을 마주하고 싶지 않습니다. '캠퍼스 크루세이드Campus Crusade for Christ(CCC)'의 설립자인 빌 브라이트Bill Bright가 정리한 통계에 따르면 '목사 배우자들의 80퍼센트는 자신의 상대가 일 중독이라고 느끼며, 목사들 중 50퍼센트는 끝내 결혼 생활을 이혼으로 마무리하게 된다'고 합니다. [*4]

조지아의 알파레타 지역에 위치한 노스 포인트 지역North Point Community 교회에서 운영하는 글로벌 X라는 글로벌 선교단체의 대표인 빌리 놀란Billy Nolan은 사역 파트너를 고르기 위한 특별한 채용 과정을 개발했습니다. 노스 포인트는 사역에 필요한 경쟁력과 헌신의 자세를 갖춘 리더를 찾는 것뿐만 아니라 그 사람이 얼마나 건강한 가정 생활을 하는지도 봅니다. 성공적인 사역은 전적으로 건강한 가정과 균형 잡힌 삶과 관련이 있음을 알기 때문에 이들은 인터뷰 대상자의 가족 구성원과 일일이 개별적으로 인터뷰를 진행합니다.

이 아이디어를 좀 더 발전시켜서 생각해볼까요?

만약 당신이 승진을 받아들이기에 앞서, 앞으로 추가적으로 맡겨질 책임들을 감당하겠다는 데에 동의하는 서약을 배우자가 함께 서명하도록 인사과에서 요구한다면 어떨까요? 당신과 배우자는 당신의 일에 관련된 내용에 함께 서명하게 되는 겁니다. 당신과 배우자는 새로운 일이 초래할 수도 있는 어려움을 함께 파악하게 되고, 당신의 가족과 커뮤니티에 어떤 영향을 미칠지를 생각해보게 되는 것입니다. 당신과 배우자는 당신의 가족과 일에 관한 비전을 함께 만들어가게 되는 것입니다.

이는 단지 결혼한 사람들에게만 적용되는 것이 아닙니다. 만약 미혼이라면 더더욱 쉽게 '섬기는 마음이 충만한 일 중독자'가 될 수도 있습니다. 실제로 삶에 제약이 적을수록 균형 잡히지 않은 삶을 살게 될 위험성이 더 커지게 마련입니다. 제약이 없으면 가족과 친구들과의 깊은 관계를 맺는 것을 놓치게 되고, 이는 결국 당신을 고립시키고 당신의 사역의 효율성을 떨어뜨리게 됩니다. [*5]

종교 지도자들의 토사물

예수께서는 하나님을 향한 우리의 사랑을 마치 우리가 우리 가족을 '싫어하는' 것에 비유하곤 하셨습니다. 하지만 동시에, 종교적인 의식보다도 더 우선순위에 둘 것을 단호히 말씀하셨습니다.

대답하여 이르시되 너희는 어찌하여 너희의 전통으로 하나님의 계명을 범하느냐. 하나님이 이르셨으되 네 부모를 공경하라 하시고 또 아버지나 어머니를 비방하는 자는 반드시 죽임을 당하리라 하셨거늘. 너희는 이르되 누구든지 아버지에게나 어머니에게 말하기를 내가 드려 유익하게 할 것이 하나님께 드림이 되었다고 하기만 하면 _마태복음 15:3-5

예수께서는 구전되어 내려오는 전통인 '고르반corban'의 잘못된 사용을 일컬어 말씀하신 것입니다.

1세기의 유대인들은 종교적인 목적으로 사용할 돈을 따로 구분할 수 있었습니다. 이 돈은 주로 새로운 성전을 짓는 데 사용되었습니다. 이를 '고르반(하나님께 드리는 제물)'이라고 불렀습니다. 이는 본래 하나님께 헌신하기 위해 드리는 돈을 일컫는 것이었습니다.

하지만 몇몇 종교 지도자들은 자신들의 부모를 등한시하려고 고르반을 사용하곤 했습니다. *6

십계명 중 제5계명은 '네 부모를 공경하라'입니다. 이는 즉 가족의 실질적인 필요를 돌보라는 말입니다. 더 자세히 말하자면 당신의 부모가 빈곤에 처하지 않도록 보호하라는 말입니다. *7

종교 지도자들은 개인 재산으로 부모를 돌보지 않기 위해 의도적으로 고르반을 이용했습니다.*8 자신들의 돈은 하나님께 헌신하기 위해 사용되기 때문에 가족에게 따로 돈을 제공할 필요가 없다고 주장했습니다.

예수께서는 이 일로 그들을 다음과 같이 꾸짖으셨습니다. "그 부모를 공경할 것이 없다 하여 너희의 전통으로 하나님의 말씀을 폐하는도다. 외식하는 자들아 이사야가 너희에 관하여 잘 예언하였도다 일렀으되 _마태복음 15:6-7 무리를 불러 이르시되 듣고 깨달으라. 입으로 들어가는 것이 사람을 더럽게 하는 것이 아니라 입에서 나오는 그것이 사람을 더럽게 하는 것이니라." _마태복음 15:10-11

그 당시의 종교 지도자들의 입에서 나온 것(토사물)은 바로 무너진 가정과 깨진 관계였습니다.

가드레일

로렐과 나는 지난 몇 년간 결혼 생활을 다시 일으키고자 함께 노력했습니다. 내가 먹다 남긴 것을 그녀에게 주곤 했던 과거 그 시절로 결코 돌아가고 싶지 않았습니다. 하지만 술 한 잔 앞에 나약해지고 마는 알코올 중독자처럼, 나 역시도 선한 일을 하겠답시고 가족을 저편으로 밀어내는 게 얼마나 쉽게 저지를 수 있는 일인지 내 마음은 이미 잘 알고 있었습니다.

우리는 결혼 상담사를 만나기 시작했습니다. 하지만 어떠한 다른 노력들보다, 함께 매일 기도하는 습관을 다시 갖게 된 것이 우리의 관계를 올바른 방향으로 잡아준 가장 큰 일등공신이었습니다. 우주만물의 창조주 앞에 배우자와 함께 나아가면, 당신의 시각은 금세 바뀌게 됩니다. 당신의 주장은 한없이 작아 보입니다. 하나님의 사랑받는 자녀라는 사실이 우리를 하나 되게 합니다. 하나님을 관계 속으로 초대하면 모든 게 바뀝니다.

우리의 결혼 생활을 올바른 방향으로 잡아준 힘은 또한 일과 가정의 균형을 잡아주는 가드레일이 되었습니다. 다음에 소개하는 방법이 모든 가정에 적용된다거나 결혼 생활의 문제를 해결해주는 만병통치약은 아닙니다. 하지만 로렐과 내가 결혼 생활을 지키기 위해 실천했던 노력들입니다.

미리 쓴 사직서

결혼 생활을 일보다 더 우선으로 여기겠다는 결심이 단지 일시적이 아닌 장기적인 헌신이라는 것을 보여주기 위해 나는 실제로 로렐에게 나의 사직서를 보여주었습니다. 나는 사직서를 작성하고 이사회의 주소를 적은 뒤 봉투 안에 넣어 밀봉했습니다. 로렐에게 언제라도 내가 남편으로서 그리고 아이들의 아빠로서 부족하다고 느껴질 때면 이 사직서를 이사회로 발송해달라고 부탁했습니다. 그러면 그 순간부터 나는 공식적으로 사임하게 되는 겁니다. 나는 로렐에게 더 큰 헌신을 하기로 결심했기 때문에 내가 섬기는 사역에서 과감히 물러날 각오가 되어 있었습니다. 다시는 가정에선 실패했으면서 직장에서만 성공한 사람이 되고 싶지 않았습니다.

아이폰은 서랍 속으로

하루는 아이폰으로 이메일을 확인하면서 두 살배기 아들의 아침을 만드는 일을 도와주고 있었습니다. 아들은 내 바짓가랑이를 붙잡고는 말했습니다. "전화기 그만, 전화기 그만!"

마음이 무너져 내리는 기분이었습니다. 나는 아들과 놀아줄 시간도 부족한, 그리고 그나마 가질 수 있는 짧은 시간도 놓쳐버리고 마는 사람이었습니다. 지금은 정말 말 그대로 아이들이 잠자리에 들기 전까지 핸드폰을 주방 서랍에 넣어버리고 가족들에게 온 관심을 집중합니다. 저녁을 먹고 난 뒤 잠자리에 들기 전까지의 그 짧은 시간이 얼마나 소중한지를 알기 때문에 더 이상 그 시간을 놓치지 않을 것입니다.

질문하기!

우리가 진행하는 프로그램을 통해 사람들의 건강 및 복지 성과 지표를 모니터링하는 일을 담당했지만 정작 내 아내의 상태는 어떠한지 거의 물어본 적이 없었습니다. 나는 결혼 생활 동안 아내가 외로움을 느끼는 것을 몰랐습니다.

하지만 나는 요즘 주기적으로 '영향 평가'를 실시합니다. 다음은 어떻게 하면 아내에게 더 잘할 수 있을지 깨닫게 해주는 10가지 간단한 질문들입니다.

- 아내를 향한 행동이 예수 그리스도 다음으로 내가 가장 사랑하는 사람에게 대하는 행동인가?
- 우리 부부는 함께 얼마나 섬김의 생활을 잘하고 있는가?
- 아내의 영적인 성장을 얼마나 잘 응원해주고 있는가?
- 아내와 함께하는 시간을 보내고 있는가?
- 우리의 기도 생활은 어떠한가?
- 아내가 가진 달란트를 키워나갈 수 있도록 나는 아내를 얼마나 잘 응원하고 있는가?
- 우리는 아이들을 잘 양육하고 있는가? 부모의 역할을 하는 것이 진정한 파트너십이라는 것을 얼마큼 확신하고 있는가?
- 나는 아내의 친구들을 잘 섬기고 있는가?
- 우리의 육체적인 사랑 표현은 잘 이루어지고 있는가? (에헴…… 이 부분에서는 말을 좀 다듬어보았습니다.)
- 아내를 '더 잘' 사랑하기 위해서 할 수 있는 일은 무엇인가?

출장 제한

직장에 있다 보면 해외로 나갈 좋은 기회들을 많이 접하게 됩니다. 나는 그 모든 기회들에 대해서 "예스"라고 말해야만 할 것 같았습니다. 최근에 나는 한 달에 엿새로 출장을 제한했습니다. 그리고 HOPE 조직 내의 모든 직원들은 시니어 리더들의 허락 없이는 1년 중 70일 이상 출장 가는 것을 금지하는 방침을 세웠습니다. 좋은 기회를 향해서 "노"라고 대답함으로써 아이들을 침대에 눕힐 수 있게 되었고, 나의 가장 소중한 사람을 향해 "예스"라고 말할 수 있게 되었습니다.

잘난 척 그만하기

로렐과 대화를 나누기 전까지 나는 스스로 엄청나게 중요한 사람이라는 과대망상에 빠져 있었습니다. 직장에서 내가 모든 일을 도맡아 해야 할 것만 같은 기분이었습니다. 이는 잘못된 태도일 뿐만 아니라, 실제로 나를 혹사시키는 원흉이었습니다. 너무 기진맥진한 파김치가 되어서 나는 어떤 일도 제대로 잘 마무리 지을 수가 없게 되었습니다.

친구와의 관계에 투자하기

앞서 말한 모든 제안들도 중요하지만 깊은 우정을 쌓기 위해 투자하는 것 역시 매우 중요한 일입니다. 우리 모두는 관계를 맺기 위해 만들어진 존재들입니다. 나는 주변의 가까운 친구들에게 내가 일과 삶의 균형을 맞추며 살아갈 수 있도록 나의 책임 있는 파트너 그룹이 되어주길 부탁했습니다.

가끔 이 친구들이 도전적인 질문을 던질 때면 대답하고 싶지 않을 때도 있고, 이들이 나를 너무 조여 매고 있는 건 아닌가라는 생각이 들 때도 있습니다.

군이 공식적인 모임이 아니어도 예를 들어 얼마나 늦게까지 사무실에 머무느냐는 질문처럼, 듣기에 별로 달갑지 않은 질문들을 부담 없이 던질 수 있을 만큼 당신을 사랑해주는 친구 몇몇이 주변에 있다면 당신의 삶은 크게 달라질 것입니다. 도를 넘는다고 판단될 때 당신을 향해서 진실되게, 그리고 겸허한 자세로 충고해줄 수 있는 친구들이 있어야 합니다.

선한 의도 그 이상으로

로렐과 중대한 대화를 나눈 뒤, 나는 내게 보고하던 직원들의 수를 줄이는 것을 포함해 나의 업무 비중을 줄여나갔고 정말 중요한 일 외에는 많은 부분을 다른 직원들에게 위임했습니다. 마치 해방된 것만 같았습니다. 이제는 내가 특별히 잘하는 분야에만 집중해서 일할 수 있게 되었고 이전보다도 더 균형 잡힌 삶을 누리게 되었습니다.

기본은 바로 이것입니다. 섬김을 한답시고 친구들과 가족을 저버리는 일은 결코 하나님을 영광되게 하는 일이 아닙니다. 나는 로렐이 나의 잘못된 우선순위에 대해 정면으로 도전장을 내밀 수 있을 만큼 사랑과 용기를 가진 사람이라는 것에 정말 감사했습니다. 사역이 가정에서부터 시작된다는 것에 동의하신다면, 그럼 의도적으로 한번 실천해보기 바랍니다. 계획을 세우고 준비를 하는 겁니다. 활기찬 집안 분위기란 하루아침에 만들어지는 것이 아닙니다. 또한 경력을 설계할 때에도 가족과 친구들을 염두에 두는 것을 잊지 않아야 합니다. 우리가 소망하는 일이 아무리 고귀한 사역일지라도 말입니다. 가정에서 일어나는 일들은 우리의 신앙과 우리의 사역에 영향을 미칩니다. 그리고 선한 일을 한답시고 가족을 등한시하게 될 경우 우리는 너무나 많은 것을 잃게 됩니다.

논의할 질문

1. 점점 더 세계가 좁아지고 있는 글로벌 시대를 살아가는 우리에게 일과 생활의 균형을 맞춰 사는 것은 더욱더 힘든 일이 되었습니다. 경계선을 긋기 위해 당신이 지금까지 노력한 일들은 무엇이 있나요?

2. 가족 또는 친구들과 함께 있을 때 그들에게 온전히 집중하는 편입니까? 아니면 일 또는 다른 임무 때문에 방해를 받는 편인가요? 육체적으로 함께 있을지라도 정서적으로 멀리 느껴지는 때는 언제인가요?

3. 일과 생활의 균형을 건강하게 유지할 수 있도록 도와주는 당신의 가드레일은 무엇인가요?

4. 기독교인으로서 우리는 구세주를 위해서 우리의 삶을 드려야 하는, 즉 시간을 바쳐야 할 의무가 있습니다. 이 말은 당신에게 무엇을 의미합니까?

로렌과 내가 처음 만났을 때의 사진은
www.peterkgreer.com/danger/chapter3에서 보실 수 있습니다.

섬김을 한답시고 친구들과 가족을 저버리는 일은 결코
하나님을 영광되게 하는 일이 아닙니다.
하나님의 일을 하느라 지나치게 무리하고 가족과 친구들에게 무관심해져도
몇몇 사람들은 당신의 그러한 헌신을 기쁘게 받아들일 수도 있습니다.
누군가를 위해 내가 가진 모든 것을 다하여 섬기는 일은 좋은 일이니까요.
하지만 아무리 좋은 일이라고 해도 도가 지나치면
이는 당신뿐만 아니라 당신 주변의 사람들까지도 해치는 일이 될 수 있습니다.
과도한 사역이나 섬김 역시도 독이 될 수 있는 것입니다.

챗바퀴에 갇혀서

행위가 존재를 앞설 때의
영적인 위험

04

————

나는 포도나무요 너희는 가지라
그가 내 안에, 내가 그 안에 거하면 사람이 열매를 많이 맺나니
나를 떠나서는 너희가 아무것도 할 수 없음이라

• 예수 (요한복음 15:5)

로렐과 내가 결혼 생활의 바닥을 치기 바로 전까지 우리의 사역은 빠른 속도로 성장하고 있었습니다. 마치 하나님께서 우리에게 축복을 부어주시는 것처럼 보였습니다.

하지만 단순히 사역의 성장과 선한 일을 한다는 사실이 당신이 바른 방향으로 가고 있음을 보장하는 것은 아닙니다. 실제로 예수께서는 섬김을 실천하고, 창의적이고, 재능 있는, 게다가 종교적이기까지 한 많은 사람들이 심판의 날 그분 앞에 나와 "우리가 당신의 이름으로 행한 과업들과 기적들과 예언을 보십시오"라고 말할 것이라고 말씀하셨습니다.

하지만 그리스도께서는 성경에 기록된 말씀 중 가장 놀라운 구절을 그들을 향해 말씀하실 것입니다.

"나는 결코 너를 안 적이 없다." _마태복음 7:22-23

성공을 거둘 수는 있습니다. 심지어 섬김의 영역에서도 말입니다. 하지만 잘못된 방향으로 가고 있다는 것이 문제이지요.

바퀴 자국

우리 결혼 생활의 방향을 결정할 만한 중대한 '대화'를 나눈 뒤, 로렐과 나는 지금 이 순간이 며칠간 가족 여행을 다녀올 적당한 시기라고 생각했습니다. 핸드폰도 없고 이메일도 없는, 그저 우리 식구들과 함께하는 변화를 시작하는 여행 말입니다.

우리의 절친한 친구인 그렉과 헬렌은 친절하게도 노스 캐롤라이나의 아우터 뱅크에 위치한 그들의 집에서 우리가 머물 수 있도록 배려해줬습니다. 우리는 8시간 장거리 운전을 하는 동안 아이들이 잠을 잘 수 있도록 밤 10시에 출발했습니다. 밤새워 운전했기 때문에 우리는 워싱턴 D.C. 근처에서 그 어떤 교통 체증도 겪지 않고, 동이 틀 무렵에 딱 맞춰 해안가에 도착할 수 있었습니다. 도로는 말 그대로 목적지인 해안가에서 길이 딱 끊겨버리는 막다른 길이었습니다.

사람이 없는 해안가 쪽으로 더 달려보려고 방향을 틀자, 거친 파도가 일고 있는 그곳에는 야생마들이 뛰놀고 있었습니다. 믿기 힘든 아름다운 광경이었습니다.

아름다운 곳이었지만 동시에 길이 험한 지역이었습니다. 그렉은 집까지 다다르는 마지막 9마일을 통과하려면 아마도 4륜 구동을 몰아야 할 것이라고 주의를 주었습니다. 모래 사장 위에는 우리보다 앞서 간 차량들이 남긴 여러 바퀴 자국들이 있었습니다. 어떤 자국은 해안가 깊숙한 곳을 향하고 있었고, 어떤 바퀴 자국은 다른 집들을 향해 나 있었습니다. 우리는 우리의 목적지, 즉 비치 하우스로 향한 길을 찾아야 했습니다.

별 생각 없이 여러 길 중 하나를 택해 달리기 시작했습니다. '이것이 맞는 길이 아니라면 나중에 가서 다른 바퀴 자국을 찾아 방향을 틀면 되겠지'라고 안일하게 생각했습니다. 하지만 얼마 지나지 않아 나는 다음의 교훈을 뼈저리게 느꼈습니다. 오직 바퀴 자국이 이끄는 길로만 갈 수 있는 법!

도중에 코스를 바꾸기란 거의 불가능해 보였습니다.

모래를 튀기며 거칠 게 달리던 중 나는 나와 로렐의 관계, 그리고 나와 주님과의 관계 역시 이와 같았음을 깨달았습니다.

길을 신중하게 선택하지 않고 그저 섬김이라는 바퀴 자국을 따라 난폭 운전을 했고, 그러면서 은혜에 기반한 삶으로부터 점점 더 멀어졌던 것입니다.

나는 아름다운 해변가에서 가족들과 함께 시간을 보내는 동안 우리의 결혼 생활을 바로잡을 수 있을 것이라고 생각했습니다. 특히 초콜릿부터 옷에 이르기까지 로렐이 좋아하는 것들을 몰래

사서 매일 하나씩 선물로 주려고 챙겨왔기 때문입니다. 또한 나는 르완다에, 로렐은 워싱턴 D.C.에 있을 당시 서로 교환했던 이메일도 역시 챙겨왔습니다. 하지만 나는 몇몇 바퀴 자국들은 굉장히 깊게 패여 있음을 깨달았습니다.

해안가로 이르는 막다른 길을 달릴 때에는 처음에는 모든 길들이 똑같은 장소로 향해 있는 것같이 보였지만, 점차적으로 갈라지는 모래 위로 난 길들이 나중에는 전혀 다른 목적지를 향해 뻗어 있다는 것을 알려주고 있었습니다. 마치 우리가 살던 칼리즐Carlisle, MA(매사추세츠)를 방문하려고 했던 친구들이 결국엔 칼리즐Carlisle, PA(펜실베이니아)로 잘못 갔던 경우와 마찬가지입니다. 잘못된 한 글자 차이가 목적지를 완전히 다른 곳으로 이끌었습니다.

수년간 따라온 그 바퀴 자국을 단 일주일 만에 탈출할 수는 없는 노릇이었습니다. 도대체 어디에서 길을 잘못 든 건지 알아내기 위해 방금 온 길을 다시 되짚어가야 했습니다.

고쳐야 할 행동들이 무엇이었는지를 되짚어보는 일은 앞으로 내가 지속적으로 변화해야 할 영역이 무엇인지 바로 볼 수 있게 도와주었습니다. 그 지점은 바로 섬김을 향한 나의 마음과 섬김의 기본 토대였습니다.

도로 표지판

그렇다면 섬김에 있어서 잘못된 길에 들어섰다는 것을 어떻게 알수 있을까요? 지난날을 돌이켜보면, 나는 당시 미묘한 경고의 사인을 보아왔던 것 같습니다.

- 내가 왜 사역을 하는지를 잊고 있었습니다.
- 내가 **어떤 사람**인가가 아닌, **어떤 일**을 하고 있는가가 나의 주된 관심사였습니다. 기도와 성경 공부 시간이 점차로 줄어들었는데, 마치 내가 하고 있는 모든 **선한** 일들에 비해서 비교적 중요성이 떨어지는 것처럼 보였습니다.
- 남에게 인정받으려는 노력이 그리스도를 닮아가려는 노력을 가렸습니다.
- '나의 사역'이 성장하는 이유가 마치 내가 뭔가를 잘하고 있기 때문이라고 느껴졌습니다. 하나님을 의지하는 대신, 나의 힘, 나의 창의력, 나의 성과, 나의 재능, 나의 달란트에 의지해서 일하는 것이 가능하다고 생각했습니다.
- 엄청나게 바쁜 스케줄 가운데 점차적으로 망가져가는 나 자신을 직시하도록 도와줄 수도 있었던 주변 사람들과의 관계 및 우정을 맺을 시간조차 없었습니다.

우리는 예수께서 다음과 같이 분명하게 말씀하셨음을 기억해야 합니다. "나를 떠나서는 너희가 아무것도 할 수 없느니라." _요한복음 15:5 예수님은 '조금밖에'라고 말씀하지 않으셨습니다. '아무것도' 할 수 없다고 말씀하셨습니다.

우리는 주고 섬기며 찾아가며 우리의 삶을 바칠 수 있습니다. 하지만 주님의 영과 동행하지 않는 한, 이런 것들은 그저 선한 의도로 만들어진 쓰레기더미에 불과하게 됩니다.

월 스트리트 혹은 르완다

섬김의 근본을 제대로 점검해보지 않으면 우리가 하는 모든 선한 일들은 온통 우리 스스로를 위한 일이 될 수도 있습니다. 우리의 이미지를 홍보하고, 우리의 허영과 자부심을 드높이는 일이 될 수 있습니다. 섬김은 우리의 꿈, 우리의 목적과 목표를 이루기 위한 수단이 되어버리고 맙니다. 거짓된 행동과 이기적인 섬김은 결국엔 탄로가 납니다.

대부분의 사람들은 월 스트리트의 금융 투자자들이 아프리카의 구호 활동가들보다 훨씬 더 자기애가 강할 거라고 생각합니다. 하지만 제 평생에 (나를 포함한) 선한 일깨나 한다는 사람들을 숱하게 만나면서 깨달은 것은 우리 모두가 영웅이 되고 싶어 하는 갈망을 지닌 존재라는 것입니다(이러한 성찰을 가능하게 해준 내 친구 돈 에벌리에게 감사합니다).

예수 그리스도 : 종교적 무법자

섬김의 이면에 있는 '왜'라는 질문에 초점을 맞추게 되면 섬김의 의미는 급격히 달라집니다. 거의 모든 종교 시스템에서 섬김은 특정한 목적에 이르기 위한 수단으로 여겨집니다. 섬김은 뭔가를 얻기 위한 비밀, 그리고 내세, 축복, 존경받는 이름으로 향하는 통로 또는 그저 자신 스스로 기분이 좋아지는 한 수단으로 여겨져 왔습니다.

우리의 행동은 우리의 운명을 결정짓습니다. 만약 불교 신자라면, 팔정도를 행하며 스스로를 절제함으로써 열반에 다다를 수 있다고 믿을 것입니다. 이슬람 교도는 다섯 가지 지주에 복종하면 천국에 갈 수 있다고 믿습니다. 심지어 무신론자들도 선한 행위를 통해서 남에게 존경을 받을 수 있습니다. 실제로 많은 기독교인들도 같은 입장을 취합니다. **우리가 착한 일을 하면 하나님께서 기뻐하실 것이라고** 말이지요.

하지만 예수 그리스도는 종교를 거부하신 분입니다. 우리의 선과 악을 재는 저울을 전복시켜버리고, 생각지도 못한 일을 하셨습니다. "우리가 아직 죄인 되었을 때에 그리스도께서 우리를 위하여 죽으심으로 하나님께서 우리에 대한 자기의 사랑을 확증하셨느니라." _로마서 5:8

은혜라는 것은 우리가 생각하는 종교적 차원에서 벗어난 개념입니다. 우리는 용서받았고, 그분께 받아들여졌고, 그분으로부터 사랑받습니다. 우리가 한 행위 때문이 아니라 바로 예수 그리스도께서 이미 우리를 위해 십자가 위에서 하신 일 때문입니다. 우리의 성과와는 상관없이, 우리는 사랑받는 존재입니다. 열정적으로 용서를 구했기 때문에 용서를 받은 것이 아니라 하나님께서 예수 그리스도를 통해 우리에게 거저 주셨기에 용서받은 것입니다.

예수를 따르는 우리는 목적을 이루기 위한 수단으로 섬겨서는 안됩니다. 이는 천국으로 가는 티켓도 아니고, 존경받는 삶을 향한 길이라거나 남에게 잘 보이기 위한 방법도 아닙니다.

우리는 주님으로부터 사랑받는 존재라는 사실에 대한 감사함이 흘러 넘치기에, 그 넘치는 은혜로 이와 같은 감사함을 동일하게 느끼지 못하는 다른 사람들을 위해 섬기는 것입니다. 우리는 이 세상 누구도 알지 못했던 가장 위대한 관대함 즉, 하나님이 세상을 이처럼 사랑하사 독생자를 주셨으니 _요한복음 3:16 그 사랑에 응답하기 위해서 섬기는 것입니다.

불행히도 우리 인간은 이러한 은혜의 근본적인 메시지를 쉽게 망각해버리고 그저 뭔가를 더 열심히 하려고 스스로 노력하는 경향이 있습니다.

막대사탕과 보상

아이들과 함께 장 보러 나가는 것은 모든 부모들에게 있어서 마치 악몽과도 같은 일입니다. 먹고 만지고 떼쓰게 만드는 수많은 유혹들이 도처에 널려 있기 때문입니다.

아이들을 데리고 장을 보러 갈 때면, 말을 잘 들을 경우 보상으로 (또는 뇌물로) 막대사탕이나 과자를 사주겠다고 약속합니다.

나이가 들어 가면서 학교에서 좋은 성적을 받을 경우 아이들은 막대사탕 대신 부모님의 자동차 키 또는 새 옷 등을 요구하게 됩니다. 성인이 된 후라면 보상이 없어도 이미 훈련이 잘 되어 있습니다.

직장에서 상사에게 잘 보이거나 예상을 뛰어 넘는 성과를 보일 경우 우리는 인정받고 칭찬을 받게 됩니다.

이러한 성과 위주의 정신 상태를 하나님과 나의 관계에 적용시키게 될 경우, 우리는 영적인 이단이 되거나 예수께서 우리에게 전하신 가장 근본적인 메시지를 망각해버리게 될 것입니다.

믿음 ≠ 체크리스트

저는 체크리스트를 좋아합니다. 리스트를 지워나갈 때의 그 짜 릿함보다 더 큰 전율은 없는 것 같습니다. 나는 체크리스의 광팬 이다 못해 우리 조직의 리더십 팀들에게 아툴 가완데 Atul Gawande가 지은 《체크리스트 *The Checklist Manifesto*》를 반드시 읽도 록 지시하기까지 했습니다. 엄청나게 재미있는 책은 아니지만, 세계 최고의 제품 또는 서비스를 창조하기 위해 간단히 반복할 수 있고 실천 가능한 활동 목록들을 작성하는 다양한 방법이 담 겨 있습니다.

나는 또한 하나님과 나 사이에 체크리스트를 만드는 것 역시 좋아합니다. 소규모 모임에 참석하는 일, 예배 드리는 일, 아침 기도를 거르지 않는 것, 불쌍한 사람들 도와주기 등의 목록을 항 목에서 지워나가는 것을 좋아합니다.

이론상으로 보았을 때 은혜의 개념은 매우 매력적입니다. 하지 만 우리는 결코 하나님의 기대치를 만족시킬 수 없으며 아무리 선하다 해도 결코 충분하지 않다는 사실을 인식하는 것은 다소 우리를 불편하게 만듭니다. 하나님께서 나를 더욱더 받아주시도 록 뭔가 노력하고 싶어도 아무것도 할 수 없다는 사실은 나를 약 간은 초조하게 만들기도 합니다. 점수를 기록하고 믿음의 핵심 사항들을 잘 지켜나가고 있는지 체크하기가 어렵습니다.

만약 내가 종교적인 'To-Do 리스트'를 가지고 있지 않다면, 내가 최소한의 요구사항들은 제대로 충족하면서 살고 있는지 어떻게 점검해볼 수 있다는 건가요?

주님이 원하시는 모든 일들을 하겠습니다. 일단 저에게 체크리스트만 주십시오.

하지만 주님께서는 우리가 체크리스트를 사용하는 것을 원치 않으십니다. 전능하신 그분은 우리가 그저 당신의 사랑을 이해하고 그에 반응해주기를 원하실 뿐입니다. 그 혹독한 십자가 위에서 직접 표현하신, 감히 받을 자격도 없는 그분의 사랑이라는 선물을 통해 우리는 이미 용서받았고, 그분은 우리를 양자로 삼으셨습니다.

이것이 바로 하나님과 우리의 관계 속에서 체크리스트가 필요 없는 이유입니다. 체크리스트는 행동을 변화시킬 수는 있지만 마음까지 변화시킬 수는 없습니다. 우리를 먼저 사랑하신 하나님께 우리가 응답하지 않는 한, 우리의 선한 행위들은 치명적이고 무신론적인 복음이 될 뿐입니다.

선한 일을 하는 데에 따르는 영적인 위험

부디 이 책이 선한 일을 하는 데에 따르는 특정한 위험들을 자세히 전달하고, 당신이 더 큰 열정과 헌신을 갖게 되고, 그런 삶을 살고, 나누고, 섬기고, 앞으로 나아갈 준비를 갖출 수 있도록 실질적인 조언들을 제공할 수 있기를 원합니다.

하지만 한편으로는 문제의 깊이를 너무 단순화하고 피상적인 대답들만 제공하는 것은 아닌지 염려스럽습니다. 당신이 지금까지 잘해온 일들은 무엇인지, 앞으로 무엇을 피해야 하는지, 당신만의 창의력과 장점을 발휘해서 앞으로 무엇을 해야 할지를 체크해보시기 바랍니다.

예언자 예레미야는 다음과 같이 썼습니다. '만물보다 거짓되고 심히 부패한 것은 마음이라 누가 능히 이를 알리요마는.' _예레미야 17:9 인간이 가진 자기 기만의 능력은 우리가 인식하는 것 이상으로 크기 때문에, 우리는 우리 자신으로부터 우리를 구원해줄 수 있는 구원자를 간절히 필요로 하는 것입니다.

자, 그럼 이제는?

이 책을 지금 읽고 있는 중이라면, 당신은 이기적인 마음과 자만심이 어떻게 당신의 사역을 흉하게 망가뜨릴 수 있는지 살펴보기 시작했을 것입니다. 하지만 명심할 것은 무너지기 쉬운 존재라고 해서 당신이 사역을 할 자격이 없는 사람은 아니라는 것입니다.

실제로는 정반대입니다. 하나님께서는 오직 그분께 의지하는 흠이 있는 사람들만을 사용하십니다. 이들은 모든 것이 주님의 성령, 주님의 은혜, 주님의 권능, 주님의 계획이라는 것을 알고 있는 사람들입니다.

더 큰 열정으로, 더 집중해서, 더 오랜 기간 나눠주고, 섬기고, 사랑할 수 있는 시발점은 다음과 같이 간단합니다.

- 예수 그리스도와의 친밀하고 깊은 관계로부터 멀어진 채 선한 일을 한다면 당신은 삶을 낭비하고 있는 것일 수 있습니다.
- 당신이 아니라 바로 예수 그리스도가 구원자이십니다. 당신의 손에 모든 일이 달려 있는 척하는 삶을 그만두고 대신, 그분께서 당신에게 이미 보여주신 사랑에 대한 응답으로의 인자한 섬김의 삶을 살아야 합니다.

그러니 당신이 부족하다는 것을 인정하십시오. 당신이 도움을 필요로 하고 있다는 사실을 인정하십시오. 주님의 호의를 입었다는 것을 주님 앞에서 증명해 보이려고 애쓰지 마십시오. 예수 그리스도께서 당신의 삶 속에 용서와 관용과 사랑을 넘쳐흐르게 만드시도록 그분께 자신을 맡기십시오.

그런 다음, 그분의 은혜에 응답하기 위해서 일하십시오. 상처받은 자들에게 치유를, 가난한 자들에게 복음을, 희망을 잃은 자들에게 희망을, 그리고 억눌린 자들에게 자유를 전달함으로써 그분의 은혜에 응답하십시오.

믿기 어려운 놀라운 은혜의 이야기가 시작될 것입니다.

논의할 질문

1. 당신은 왜 섬기십니까?

2. 당신의 영적인 삶에 있어서 성과 위주의 태도를 지녔던 적이 있나요?

3. 당신은 마음의 상태를 어떻게 체크하십니까?

4. 당신에게 있어서 은혜의 삶을 사는 모델은 누구입니까?

내 가족사진을 보고 싶은 분들, 그리고 아툴 가완데의
《체크리스트》 강연 내용을 듣고 싶으신 분들은
www.peterkgreer.com/danger/chapter4를 방문해보시기 바랍니다.

우리를 먼저 사랑하신 하나님께 마음으로 응답하지 않는 한,
우리의 선한 행위들은 치명적이고 무신론적인 복음이 될 뿐입니다.

당신이 아니라 바로 예수 그리스도가 구원자이십니다.
당신의 손에 모든 일이 달려 있는 척하는 삶을 그만두고 대신,
그분께서 당신에게 이미 보여주신 사랑에 대한 응답으로의
인자한 섬김의 삶을 살아야 합니다.
예수께서 당신의 삶 속에 용서와 관용과 사랑을 넘쳐흐르게 만드시도록
그분께 자신을 맡기십시오.

실버백 고릴라와 사소한 타협들

사소한 도덕적 타락을 정당화할 때의
영적인 위험

05

어떤 이의 타고난 재능이 그의 천성보다 중요하게 여겨질 때,
그 사람의 자기 파멸은 시간 문제다.

• 저스틴 데이비스, 트리샤 데이비스 Justin and Trisha Davis

르완다를 떠나기 전, 로렐과 나는 진정한 정글의 왕이자 굉장히 보기 드문 야생 고릴라를 보러 여행을 떠났습니다.

3시간가량 산을 탄 후, 우리는 수사라는 고릴라Susa Gorilla 가족을 만났습니다. 야생에서 생활하는 이 놀라운 생명체의 수는 전 세계에 800마리도 되지 않는데, 운이 좋게도 우리는 그중 40여 마리의 무리가 자연의 서식지에서 생활하는 광경을 목격할 수 있었습니다. 어린 고릴라들은 서로 씨름을 하고 있었고, 그 와중에 엄마 고릴라는 아기 고릴라를 돌보고 있었습니다. 나이 든 수컷 고릴라(실버백)는 멀찌감치 떨어져 대나무를 씹으며 우리 여덟 명의 관광객을 주의 깊게 응시하고 있었습니다.

어느 나라를 막론하고 새끼를 보호하고 있는 고릴라를 향해 카메라 셔터를 누르는 행위는 매우 부적절하다는 것을 미리 배우고 갔더라면 좋을 뻔했습니다. 셔터 소리가 나자마자 200킬로그램이 훌쩍 넘는 실버백 고릴라는 갑자기 예고도 없이 네 발로 달려들더니 내 코트 뒷덜미를 잡고서는 나를 산속으로 질질 끌고 가지 않겠습니까.

로렐은 "피터, 안 돼~!!"라고 소리 지르며 뛰어나오려고 했지만 다행히 로렐의 친구가 그녀를 막았습니다.

고릴라는 한 3미터 정도를 끌고 간 뒤 나를 놓아주었습니다. 그러고는 모든 지켜보는 사람들을 향해 정글의 왕은 자신이라는 것을 증명하려는 듯 일어서서 가슴을 마구 두들겨댔습니다. 이 짧은 레슬링 매치에서 누가 승자였는지는 명명백백히 드러났습니다.

르완다 친구들은 나에게 '무중구 차네 차네Muzungu Cyane Cyane(백인 중에서도 진짜 백인)'라는 르완다식 별명을 지어주었습니다. 이 별명은 당시 그 상황 속에 딱 들어맞았습니다. 함께했던 가이드는 '정말 백인스러운' 나를 위해 카메라를 찾아주고 나를 일으켜 세워주었습니다.

그래도 부상은 당하지 않았다는 사실을 뒤늦게 깨달은 나는, 훗날 이 이야기를 내 영웅담으로 사용해도 되겠다는 생각이 들었습니다. 당시 그룹에 있던, 영장류에 관한 책을 집필 중이던 한 프랑스인 사진 기사는 이 모든 광경을 카메라에 담았습니다. 그분은 나를 도우러 달려오는 대신, 고릴라가 나를 향해 돌진하고,

붙잡고, 질질 끌고 가는 모든 과정을 한 장 한 장 고스란히 사진에 담았습니다. 그 후, 그는《파리스매치 *ParisMatch*》라는 뉴스 및 연예인 생활을 다루는 프랑스 잡지에 그 사진을 팔아 넘겼습니다. 그는 나를 고릴라 근처에서 얼쩡대는 눈치 없는 미국인으로 묘사했습니다.

선한 의도로 자행된 도덕적 타락

지난주, 이웃들은 일요일 오후에 열린 수영장 파티에서 우리에게 이 이야기를 들려달라고 요청했습니다. 시간이 흐르면서 내 이야기가 조금 달라졌다는 것을 깨달았습니다. 원래 고릴라가 나를 끌고 갔던 거리는 3미터가량이었던 것이 그 다음번 이야기에서는 4미터쯤으로 늘어났고, 수영장 파티에서는 6미터가 되어버렸습니다…….

군이 뭔가를 지어내서 이야기할 필요가 없는 스토리였는데도 고릴라가 나를 얼마큼 멀리 끌고 갔는지에 대해서는 과장이 더해진 것이지요.

지금까지 고릴라 이야기만 과장해서 떠벌리고 다닌 게 아닙니다.

많은 사람들 앞에서 이야기를 할 때, 내가 말하고자 하는 포인트를 더 잘 강조하기 위해서 나는 몇 가지 세부적인 사항들을 첨가하곤 했습니다.

이 이야기에서는 이 부분을 따고, 다른 이야기에서 다른 부분을 따 나름대로 편집해서 이야기하는 게 그렇게 잘못된 것일까요? 더군다나 이 모든 것이 결국엔 사역을 하는 데 도움이 되었으면 하는 마음에서 비롯된 것이라면요? 하지만 이야기가 얼마나 훌륭한지에 상관없이, 또는 얼마나 반응이 열광적이냐에 상관없이, 이는 잘못된 일입니다.

솔로몬은 잠언에서 다음과 같이 말했습니다. '어떤 길은 사람이 보기에 바르나 필경은 사망의 길이니라.' _잠언 16:25

특히 선한 일을 한다는 사람들은 선한 목적 하에서 자행되는 사소한 도덕적인 타락을 쉽게 합리화시킬 수 있습니다.

주변의 친구들과 후원자들이 우리가 어떤 프로젝트를 하는지 알게 되면, 이들은 우리에게서 오직 좋은 뉴스만을 듣고 싶어 하는 경향이 있습니다. 그래서 우리는 프로젝트의 영향력을 과장해서 설명하게 됩니다. 복잡한 문제를 해결할 수 있는 쉬운 해결책이 있는 것처럼 행동합니다. 현실의 결과보다는 얼마나 말로 잘 포장하느냐에 따라서 보상받기 때문에 진실을 꾸며댑니다. 이야기를 단순화합니다. 진짜로 다 공개했다가는 우리 이미지에 타격을 입을 것이라고 겁주며 서로를 조심시킵니다.

가치 있는 목적을 위한 일이라면 별로 큰 문제가 아닙니다. 그렇지 않나요? 하지만 현실은 그렇지 않습니다.

이는 마치 10분 조깅하고 나서 킹사이즈 스니커즈 초콜릿을 게 걸스럽게 먹는 것과 같습니다. 조깅을 해서 100칼로리를 뺐는지 모르지만, 다시 1500칼로리를 섭취하는 격입니다.

선한 일을 하는 데에 따르는 영적인 위험은 바로 당신이 하는 사역이 당신으로 하여금 진실을 좀 더 과장하거나 죄의식을 정당화하는 수준 정도의 경미한 도덕적 타락쯤은 해도 괜찮다는 자격을 부여하는 데 있습니다. 중대한 사역을 하고 나면 마음은 가장 자만한 상태가 됩니다. 선한 행위를 하게 되면 종종 우리는 내가 바친 모든 희생에 비하면 이 정도쯤의 작은 실수는 괜찮다고 믿게 됩니다.

스스로에게 어떠한 자격을 부여하는 것은 도덕적으로 치명적입니다. 당신은 당신 스스로를 시스템보다 한 수 위에 위치해 있는 존재로 믿기 시작합니다.

기관의 창립자라는 사람들을 떠올려보십시오.

"당신이 창립자가 되면, '규칙'이라는 것은 당신에게 적용되는 것이 아니라고 생각하게 됩니다." 어카운팅말프랙티스닷컴 AccountingMalpractice.com의 CEO인 마크 쉐퍼스Mark Cheffers가 말했습니다. [1]

하지만 잊지 마십시오. '규칙'은 당신에게도 적용됩니다.

사소한 행동들이 삶 전체에 영향을 미칩니다. 신용카드를 사용하는 법, 여가를 즐기는 것, 성공을 좇는 것, 또는 직장에서의 일하는 태도와 같은 모든 영역을 통해서 말입니다.

메릴랜드 주의 변호사 토마스 디 비아지오Thomas Di Biagio는 직장에서 타협하는 사람들을 일컬어 이렇게 말했습니다. "어떤 이가 사생활 영역에서 거짓된 삶을 살고 있다면, 이는 단지 사생활에 국한된 것이 아닌 삶 전체를 거짓되게 살고 있는 것입니다. 그가 아내에게 거짓말하는 사람이라면, 동료에게, 이사진들에게 그리고 미래의 감사원에게까지도 거짓말할 확률이 매우 높습니다." *2

사소해 보이는 타협일지라도 이는 무시무시한 결과로 이어지는 마약과도 같습니다. 어느 누구도 처음부터 아무렇지도 않게 죄악을 저지를 수는 없습니다. 그저 어느 날 눈떠보니 가장 친한 친구의 아내와 한 침대에서 일어나게 되는 게 아닙니다. 개인 또는 기관이 중대한 도덕적 타락을 경험했다면, 그동안 그 개인 또는 조직이 보인 태도와 그동안 내린 결정들로 미루어 단지 그것이 우연한 결과가 아님을 알 수 있습니다. 단지 한두 발짝만 움직였다고 해도, 그것이 충분히 쌓이다 보면 어느새 출발선에 멀리 떨어져 있게 마련입니다. 그때에 치르게 되는 대가는 당신의 친구와 가족에게 엄청난 상처를 남깁니다. 많은 경우 한 개인이 무너지게 되면 그의 가족은 산산조각이 나버립니다.

이야기를 꾸며낸다거나 자금을 잘못 운영한다거나 시선을 딴

곳에 둔다거나 의문스러운 일이 있음에도 일부러 못 본 체를 한다거나 하는 식으로 한두 번 비도덕적인 타협을 정당화하게 되면, 그런 일들을 앞으로 자주 반복하게 될 확률이 커집니다. 죄악에 서서히 마취되어가는 것입니다.

아주 커다란 참나무는 작은 도토리 한 알에서부터 시작된 것입니다. 그리고 가장 큰 도덕적인 타락은 작은 타협에서부터 시작됩니다.

또는 약간 과장해서 만들어낸 이야기로부터 시작됩니다.

조금만 빌렸을 뿐인데

르완다의 마이크로 파이낸스 은행의 대표로 일하고 있을 때, 나는 처음으로 금융 사기라는 것을 경험하게 되었습니다.

내가 신혼여행에서 돌아온 뒤 약 2주 후, 금요일 오후 4시에 한 직원이 사무실로 찾아왔습니다. 그녀는 사무실 문을 닫은 후, 다른 직원이 문서를 파기하는 것을 목격했다고 말했습니다. 이 보고를 금요일에 받은 건 우연한 일이었지만 한편으로는 매우 다행스러웠습니다. 나는 주말 내내 혼자서 그동안의 업무 기록들을 철저히 점검했습니다. 조사 끝에 8명의 직원들이 공모해서 사기를 범했다는 것을 발견했습니다.

나는 이 직원들 모두를 친구로 여겼더랬습니다.

월요일, 나는 근거 자료들을 만든 후 나의 상사에게 기밀 담당 변호사인 르완다 현지 변호사 한 명과 해외에서 근무하는 기술 전담 팀의 도움을 받을 수 있도록 협조를 요청했습니다. 그날 나는 나의 인생에서 가장 가슴 아픈 하루를 경험해야만 했습니다.

오전 8시에 그 직원들이 도착하자 서로 공모하지 못하도록 각자 분리된 방에 들어가 있도록 지시했습니다. 르완다 변호사와 두 명의 시니어 스태프와 나로 구성된 수사팀은 용의자와 개별 면담을 진행했습니다.

그날 오후, 그 직원들은 잘못을 시인했습니다. 사직서와 함께 그들은 그동안 훔친 자금을 다시 갚는다는 내용의 문서에 동의하는 사인을 해야만 했습니다(르완다 노동법을 검토한 우리는 해고보다는 이 편이 더 적절하다고 판단했습니다).

나는 사무실로 돌아와 처절한 아픔을 느꼈습니다. 나의 친구들에게 이별을 고해야 한다는 사실 때문이기도 했지만 나 역시도 책임이 있다는 생각이 들었기 때문입니다.

면담을 하다 보니, 그들 대부분은 돈을 훔칠 '의도'가 없었다는 것이 매우 분명했습니다. 처음에는 돈을 조금만 빌리는 것이라고 생각했던 것입니다. 이들은 모두 하나님을 사랑하는 선한 사람들이었습니다. 하지만 급하게 병원비가 필요한 일이 생겼거나 가족 중 돈이 정말 필요한 사람이 생기는 등, 이같이 갑작스럽게 돈이 잠깐 필요했던 것입니다. 시스템 자체가 이들의 행위를 그만두게 끔 철저하지 못했기 때문에 이들은 다시 되갚을 생각으로 '그저 조금'만 챙겼던 것뿐입니다. 안타깝게도 이 안일한 생각은 눈덩 이처럼 불어난 금액의 도둑질로 번지게 되었고 결국 꼬리가 잡힌 것입니다.

악의 없이 시작된 일처럼 보이지만 이와 비슷한 작은 걸음 걸음이 모여 고대의 유명한 지도자를 타락의 길로 걷게 만들었던 사건을 우리는 잘 알고 있습니다.

간음과 살인을 저지른 하나님의 사람

다윗과 밧세바의 이야기를 들어본 적이 있을 겁니다. 하나님의 사람이던 다윗이 인생의 한 시기에 그렇게나 많은 무시무시한 일들을 저질렀다는 것은 믿기 어려운 일입니다.

다윗은 어쩌다 그 지경에 처하게 되었을까요? 우리 대부분은 그저 다윗이 단순히 밧세바를 자기 궁으로 들여온 그 순간을 그가 잘못을 저지른 순간이라고 생각하기 쉽습니다. 하지만 다윗은 그 이전부터 이미 잘못된 길로 향하는 수차례 작은 발자국들을 남겼습니다.

사무엘하 11장 첫째 절에서 그가 남긴 첫 번째 발자국을 볼 수 있습니다. '그 해가 돌아와 왕들이 출전할 때가 되매 다윗이 요압과 그에게 있는 그의 부하들과 온 이스라엘 군대를 보내니 그들이 암몬 자손을 멸하고 랍바를 에워쌌고 다윗은 예루살렘에 그대로 있더라.' _사무엘하 11:1

'왕들이 출전할 때가 되매'. 고대 문화를 보면 부하들과 함께 전장에 나가는 것은 왕의 의무입니다. 하지만 다윗 왕은 예루살렘에 그대로 남아 있었습니다.

별로 문제될 게 없어 보였을 것입니다. 그는 이미 수많은 전장에 나가서 승리했던 사람이니까요. 만약 전쟁에 출전하지 않아도 될 자격을 갖춘 사람을 꼽으라면 바로 다윗 왕이 아니었을까요?

예루살렘에 남아 있던 다윗은 왕궁 옥상 주변을 거닐었고, 그러다 우연히 밧세바가 목욕하는 장면을 보았습니다. 다윗은 그녀를 멀리하기보다는 가까이에서 보는 편을 택했습니다.

그는 왕이었습니다. 주변의 다른 나라들을 봐도 왕이란 사람들은 대개 법 위에 군림하는 자들이고 그들이 마음먹은 대로 모든 일을 할 수 있었습니다. 게다가 다윗은 그동안 의로운 자로 인정받고 있었습니다. 그는 백성을 잘 보호하고 그들이 안위를 누리도록 해주었으니까요. 자기 백성을 가까이에서 지켜볼 권한을 가진 사람을 고르라 한다면 당연 다윗 왕이 아니었을까요?

하지만 다윗은 가까이에서 보는 것만으로 만족하지 않았습니다. 그는 그녀에 대해 더 알기를 원했습니다. 물론 그는 왕으로서 자신의 백성에 대한 정보를 더 물어볼 수 있는 자격이 있는 사람이었습니다. 그 권한은 누구도 해치지 않는 권한이죠. 그래서 그는 부하에게 그녀에 대해 캐물었습니다. 그리하여 다윗은 그녀가 (그 당시 다윗도 함께 갔어야 할) 전쟁터에 나가 있는 우리아의 아내라는 정보를 듣게 됩니다.

다윗은 밧세바를 자기 궁전으로 불러들이기로 결심합니다.

이 시점에서도 그는 그녀와 그저 대화만 나눌 수도 있었습니다.

대화를 나누는 건 잘못된 게 아니지 않습니까? 아마도 그는 남편이 떠나 있는 동안 그녀를 위로해줄 수도 있었습니다. 외로운 여인에게 위안을 주는 것은 좋은 일 아닌가요? 그리고 아마도 가벼운 포옹을 해주었을 수도 있지요. 가벼운 포옹 정도야 나쁠 게 없잖아요. 그렇죠? 그리고 아마도 그들은 더 깊은 대화를 나누기 위해 프라이버시가 완벽히 보장되는 그의 침실로 가서 더 많은 이야기를 나눌 수도 있었겠죠.

다윗이 간음이라는 죄에 발을 들이게 된 것은 바로 이러한 소소한 일들이 쌓여서 만들어낸 결과입니다.

사람들이 알아차리기도 전에 다윗은 자신의 잘못을 덮기 위해 가장 충실한 부하 중의 하나인 우리아를 끝내 죽이고 맙니다.

이야기의 결말만 보면 우리는 놀라서 입이 쩍 벌어집니다. 어떻게 하나님의 독실한 종인 다윗이 그렇게 멀리까지 탈선하게 되었단 말인가? 이 이야기는 수십 가지의 작은 걸음들, 즉 쉽게 정당화시킬 수 있는 사소한 타협들로 이루어졌습니다.

한 번의 작은 타락을 범함으로써 다윗은 다른 타락의 문 그리고 또 다른 타락의 문들을 계속해서 열게 되었고 결국에는 그가 결코 의도하지도 않았던 곳으로 치달았던 것입니다.

산상수훈 당시 예수께서는 우리에게 단순히 법률을 넘어 문제의 핵심을 간파할 것을 주문하셨습니다. 살인, 간음, 이혼과 같은 문제들을 이야기하시면서 우리의 생각과 태도가 중요하다고 말씀하셨습니다. 살인만이 타락이 아니라 통제 불가능한 분노 역시도 타락입니다. 간음만이 죄악이 아니라 이 사람 저 사람을 향해 기웃거리는 시선 역시도 죄악입니다.

이러한 것들은 종종 사망으로 치닫습니다. '마음에서 나오는 것은 악한 생각과 살인과 간음과 음란과 도둑질과 거짓 증언과 비방이니 이런 것들이 사람을 더럽게 하는 것이요.' _마태복음 15:19-20

사소한 도덕적 타락이라는 것은 없습니다. 그것은 우리의 태도에서 생각으로, 그리고 행동으로 아주 쉽게 번져갑니다. 우리 또한 다윗과 같은 상황에 처하지 말라는 법이 없습니다. 위대하신 하나님과 직접 교류를 나누던 하나님의 사람인 다윗이 그러했다면, 우리 역시도 그렇게 될 수 있습니다.

사기 전문가? 자선사업계의 챔피언?

그렉 모텐슨Greg Mortenson은 유명인사입니다. 미국 대통령이 자신의 노벨 상금 10만 달러를 모텐슨의 자선 단체인 '중앙 아시아 협회Central Asia Institute(CAI)'에 기부했을 정도로 유명한 사람입니다. CAI는 아프가니스탄과 파키스탄의 어린이들, 특히 어린 소녀들에게 교육의 기회를 제공하는 단체입니다.

전직 전문 산악인이었던 모텐슨은 중앙 아시아의 빈곤층 어린이들이 국제 무대의 관심을 받게 만든 자선 사업계의 챔피언으로 탈바꿈했습니다.

그의 베스트셀러《세 잔의 차 Three Cups of Tea》에 실린 감동적인 이야기는 그에게 성공을 가져다 주었습니다. 하지만 안타깝게도 그의 이야기에는 몇 가지 구멍이 있었습니다.

첫 번째로 책에는 탈레반에 관한 오보된 내용이 있었습니다. 모텐슨은 탈레반에게 인질로 붙잡혔던 경험을 서술했습니다. 이를 증명하기 위해 사진도 실었습니다. 사진 속 여러 남자들을 자신을 억류한 자들로 묘사했습니다.

하지만 사진 속의 남자들은 탈레반이 아닌 것으로 드러났습니다. 〈60분 60 Minutes〉이라는 텔레비전 프로그램에서는 만수르 칸 마흐수드Mansur Khan Mahsud라는 사진 속의 남성이 미국에서도 출판 경험이 있는 '이슬라마바드 싱크 탱크Islamabad Think Tank'의

리서치 디렉터임을 밝혔습니다. 그는 모텐슨이 게스트로서 그 자리에 있었던 것이지 인질이 아니었다고 말했습니다.

마흐수드는 "명백한 거짓입니다. 그는 거짓말을 하고 있습니다. 그는 납치된 적이 없습니다"라고 말했습니다. *3

모텐슨은 이야기에 약간의 과장이 있었음을 인정했습니다.*4 물론 그의 베스트셀러인 《세 잔의 차》와 두 번째 책 《학교 안으로 날아드는 돌맹이들 Stones Into Schools》이 도움의 손길을 필요로 하는 사람들의 이야기를 널리 확산시키는 아주 훌륭한 도구로 사용되었다고 주장하는 사람도 있을 것입니다. 하지만 극적 효과를 위해 이야기를 조금 꾸며내는 정도의 아주 사소한 행위들이 결국에는 당신이 상상도 할 수 없었던 곳으로 이끌 수도 있습니다.

미디어 단체는 모텐슨을 고소했습니다.

《희박한 공기 속으로 Into Thin Air》의 저자인 존 크라카우어 Jon Krakauer는 모텐슨이 그의 자선 단체 기관을 마치 '개인용 ATM 기계'처럼 취급하고 있다고 비난했습니다. *5

기관에게 주어진 기부금의 일부는 그의 전용 비행기 구매와 같은 것들에 사용되었습니다.

〈60분〉이 찾아낸 바로는 30개의 학교 중 절반가량은 더 이상 자금을 지원받지 않거나 아니면 아예 일찌감치 방치되어서 몇몇 시설은 시금치 창고 또는 가축용 사료 저장고로 탈바꿈한 상태였습니다.

존 크라카우어가 말했습니다. "처음에 모텐슨은 고귀한 의도와 훌륭한 아이디어로 일을 시작했지요……. 하지만 CAI를 설립한 지 얼마 되지 않아 그는 도덕적 자제력을 잃고 말았습니다. 그는 수많은 사람들을 배신했습니다. 저를 포함해서 말이죠." *6

모텐슨은 사악한 사람이 아니었습니다. 실제로 그는 가난한 사람들을 위해 열성적으로 일하는 조용하고 겸손한 사람으로 평가되곤 했습니다. 한밤중에 비행기에 오르고 다음 목적지로 이동하는 동안 쪽잠을 자면서 하루 평균 12시간에서 16시간가량 일하며, 자신이 설립한 학교의 도서관에서, 저녁 만찬 자리에서, 그리고 대학들을 돌아다니며 열심히 CAI의 메시지를 전달했습니다. *7

목적지에 도착하면 바로 또 다른 목적지를 향해서 달려가기를 반복했습니다.

섬김의 일을 열심히 감당하던 중, 그는 여러 번의 커다란 판단 착오를 겪었습니다. 오늘날 CAI의 설립자는 더 이상 이 기관의 CEO가 아닙니다.

선한 일을 하는 선한 사람들이야말로 잘못된 길로 너무 쉽게 들어설 수 있습니다. 매 순간 조금씩 조금씩 말입니다.

만약 이 모든 일들을 '나에게는 절대 생길 수 없는 일'이라고 생각한다면 당신은 가장 큰 위험에 처해 있다고 볼 수 있습니다. 유혹당하고 있다는 사실 자체를 깨닫지 못한다면 당신은 쉽게 망가질 수 있습니다. 지난 2년간 성적인 타락을 경험한 적이 있다고 고백한 246명의 종교 지도자들을 연구한 결과 이들 모두 타락은 '절대로 나에게는 일어날 수 없는 일'이라고 믿고 있었다는 사실이 드러났습니다. *8 이들은 스스로 자신이 강한 면역성을 지니고 있다고 믿었습니다.

나는 커다란 실패로 이어질 수 있는 사소한 타협들로부터 어떻게 하면 나 스스로를 지켜줄 수 있는 가드레일을 개발할 수 있을지에 대해 곰곰이 생각해보았습니다.

작은 걸음

랭카스터에서 처음 생활을 시작하던 당시 로렐과 나는 부모로서도 완전히 초보였습니다. 우리는 부모가 된다는 것이 얼마나 힘든 일인가를 새삼 깨달았습니다.

랭카스터에서 처음으로 맞게 된 노동절 휴일에 우리는 우리 기관 설립자 중 일원인 제프Jeff와 수Sue의 집에서 열리는 피크닉에 참석했습니다. 이 부부에게는 세 자녀가 있었는데 우리가 처음 만났을 때 아이들은 중학교와 고등학교에 다니고 있었습니다. 이들은 환하게 웃으며 손님들을 맞이하고, 감자 샐러드를 나르고, 어린 아이들에게 테니스 라켓 잡는 방법을 가르쳐주었습니다. 설거지 할 때가 되자 아이들은 묻지도 않았는데 서로 돕겠다고 나섰습니다.

나는 깜짝 놀랐습니다.

모르긴 몰라도 제프와 수 부부에게는 어떤 특별한 양육 방법이 있는 것이 확실했습니다. 나는 그들의 비밀을 알고 싶었습니다. 이 부부는 어떻게 아이들을 교육시켰길래 이렇게 책임감 있고 남을 배려하는 젊은 청년들로 성장하게 되었을까?

일주일 뒤 점심 식사를 함께하면서 제프는 부모 역할에 대한 철학을 다음과 같이 요약해서 알려주었습니다.

"아이들이 당신의 인내심의 한계에 도전하거나 일정 선을 넘었을 때에는 행동을 취해야 합니다. 일관성 있게, 사랑하는 마음으로, 그러나 강하게 행동해야 합니다."

나는 이 같은 비밀을 단지 사랑하는 사람을 대하는 태도로써만이 아니라 나의 삶과 나의 가정 전체에 적용하고 싶었습니다. 일관성 있게, 사랑하는 마음으로, 그러나 강하게. 아무리 사소한 도덕적인 타협이라 할지라도 말입니다. 만약 당신이 아주 사소한 사안에 대해서도 확고한 태도를 지닌 사람이라면 (그리고 스스로 그 유혹을 인지하고 있다면) 당신은 아마도 삶에서 커다란 실수를 저지를 일이 거의 없을 것입니다.

도덕성이라는 것은 우리가 매일 내리는 작은 결단들로부터 시작됩니다. 다윗 왕이 그랬던 것처럼 내가 사랑하는 사람들에게 상처를 주고 싶지 않았기 때문에, 나는 마음을 꾸준히 감시하고, 하나님께 나 자신으로부터 나 스스로를 보호해주시기를 늘 기도 드려야 합니다.

우리의 의지력이 얼마나 나약한 것인가를 알기에 나는 시편에 있는 다음의 구절을 붙들고 부단히 기도하길 원합니다. '내가 전심으로 주를 찾았사오니 주의 계명에서 떠나지 말게 하소서. 내가 주께 범죄하지 아니하려 하여 주의 말씀을 내 마음에 두었나이다.' _시편 119:10-11

참고로 나의 고릴라 사건에 대해서 들었던 모든 사람들에게 다시 고백합니다. 저는 고작 3미터만 끌려갔었습니다.

논의할 질문

1. 선한 의도를 위해서 어떤 사실을 부풀려 말했던 경험이 있습니까?

2. 사무엘하 11장을 읽어보십시오. 다윗이 간음과 살인을 범하기까지 어떤
   타협을 해왔는지에 대해서 논의해보십시오.

3. 사소한 타협을 하고 있다는 사실을 어떻게 알아차리게 되나요? 당신의
   도덕적 잣대가 무너졌다는 것을 어떻게 알게 됩니까?

고릴라 사건의 전말이 담긴 사진을 보시고 싶다면
www.peterkgreer.com/dnager/chapter5를 방문해보세요.

아주 커다란 참나무는 작은 도토리 한 알에서부터 시작된 것입니다.
그리고 가장 큰 도덕적인 타락은 작은 타협에서부터 시작됩니다.
사소한 도덕적 타락이라는 것은 없습니다.
그것은 우리의 태도에서 생각으로, 행동으로 아주 쉽게 번져갑니다.
선한 일을 하는 선한 사람들이야말로
잘못된 길로 너무 쉽게 들어설 수 있습니다.
매 순간 조금씩 조금씩 말입니다.
만약 이 모든 일들을 '내게는 절대 생길 수 없는 일'이라고 생각한다면
당신은 가장 큰 위험에 처해 있는 셈입니다.
유혹당하고 있다는 사실 자체를 깨닫지 못한다면 쉽게 망가질 수 있습니다.

성공이라는 것

성공에 대한
잘못된 기준을 갖게 될 때의
영적인 위험

06

What Goes Up

광범위한 기독교 사역을 추구하려는 갈망에서 벗어나
하나님을 바라보는 데 집중하고 그분 안에서
삶의 깊은 의미를 찾는 일에 더욱 집중해야 합니다.

• 로이 헤션, 르벨 헤션Roy and Revel Hession

전문가들은 모두 불가능하다고 말했습니다. 이 나라는 마이크로 파이낸스를 받아들일 준비가 안 되어 있다고, 가난한 사람들은 결코 빌린 돈을 갚지 않을 것이라고들 했습니다. 정부 기관 역시 너무나 부패했다면서요.

하지만 우리는 콩고민주공화국(이하 콩고)이 비록 힘든 곳이기는 하겠지만 우리가 섬겨야 할 사역지의 일부라고 생각했습니다.

콩고는 문제점이 많은 국가로 유명합니다. 지난 5년간 비즈니스 하기 가장 힘든 나라로 꼽혔습니다. 막대한 천연 자원에 대한 통제권을 놓고 세계 2차 대전 이후 볼 수 없었던 가장 악명 높은 전쟁을 치른 나라입니다. [1] 또한 이 나라는 인간 학대 및 여성을 대상으로 한 무시무시한 폭력을 통해 돈을 벌어들이는 '인간을 학대하며 돈을 쥐어 짜내는 국가'로 유명합니다. [2]

그리고 이 나라는 나를 겸손해지게 만든 나라이기도 합니다.

우리 기관에서 일을 시작한 지 얼마 되지 않아 나는 킨샤사를 방문해 그곳의 현지 직원들을 만났습니다. 이들은 자기 나라를 향한 비전을 가지고 있었습니다. 이들은 열심히 일하는 콩고인들의 저력을 신뢰하고 있었습니다. 그들은 자신들이 변화를 만들어 낼 수 있다고 말했습니다.

우리는 최대한 꿈을 크게 꾸고 싶었습니다. 그 당시 콩고인들 천 명 중 한 명만이 은행을 이용하고 있었습니다. 그곳에는 훈련과 소규모 대출을 통해 현지인들이 소규모 사업을 시작할 수 있도록 도와주는 그 어떤 크리스천 기관도 없는 상태였습니다. 우리는 대상 고객들의 요구를 파악하고자 시장 조사를 실시했습니다.

나는 우리의 프로그램이 시작되는 순간에서부터, 그리고 말 그대로 밑바닥에서부터 사업이 쑥쑥 성장해가는 과정을 쭉 지켜봤습니다.

2004년 8월, 우리 팀은 첫 대출을 시작했습니다. 그 후 5년간 우리는 현기증이 날 정도의 빠른 성장을 이뤄냈습니다. 우리 서비스에 대한 고객들의 반응은 아주 열광적이었습니다.

한때는 매달 1000명 이상의 새로운 고객들이 몰리곤 했습니다. 2008년 12월, 우리는 모두가 불가능하다고 말했던 콩고 땅에서 24000가구를 섬길 수 있었습니다.

'생각만큼 그렇게 어렵지는 않은 일이네, 우리가 이렇게 잘하고 있는 걸 보니'라고 으쓱했던 걸 지금도 기억합니다.

실제로 사람들의 삶도 변해갔습니다. 사업하는 사람들은 사업 규모를 확장했습니다. 부모들은 늘어난 수입으로 아이들을 어떻게 학교에 보낼 수 있었는지 서로 정보를 공유하기 시작했습니다. 헌신적인 우리 직원들의 특별한 관심과 보살핌 덕분에 많은 이들이 다시 교회로 발걸음을 돌렸습니다.

콩고에서 성장하고 있는 동안 우리의 모든 성과 지표는 건전하고 활력이 넘쳐 보였습니다.

불과 5년 만에 우리는 진정한 성공 스토리를 창조해낸 것입니다. 나는 마이크로 파이낸스 컨퍼런스에서 그동안의 성과를 발표하는 자리를 갖게 되었습니다. 월드뱅크는 우리에게 '가난한 사람들을 섬기는 혁신상Pro Poor Innovation Award'을 수여하며 찬사를 보냈습니다.

당시에는 마치 하나님께서 우리에게 이렇게 말씀하시는 것처럼 들렸습니다. '마음속에 무슨 생각을 품고 있든 간에 무조건 가서 행하여라. 주께서 너희와 함께하실 것이니라.'

우리는 실제로 변화를 만들어냈습니다. 세상에서 가장 열악한 그곳에서 아무것도 없이 시작했지만 우리는 엄청난 프로그램을 만들어냈습니다. 하지만 금융 사기, 지점 폐쇄, 직원 해고라는 일련의 사건들로부터 불과 한 발자국밖에 떨어져 있지 않았습니다.

그리고 겸손한 자세로 다시 처음부터 시작해야 했습니다.

성공이라는 것

5년간의 성공 가도를 달려온 우리는 탄탄한 기반을 구축하는 데 실패했다는 가슴 아픈 사실을 깨달았습니다.

엄청난 영향력을 불러일으키고야 말겠다는 야심으로 달려온 우리는 첫째 우리 능력 이상으로 무리하게 사업을 확장했고, 둘째 필요한 내부 감사 시스템을 개발하지 못했고, 셋째 적정한 모니터링 시스템을 거치지 않은 채 직원 개개인을 너무 신뢰했습니다. 애초부터 오래 버티기 힘든 구조였던 것입니다. 중심을 다시 바로 세우기 위해 여러 지점들을 폐쇄하고 100여 명의 직원들을 해고했습니다.

이는 단지 사역의 문제가 아니라 결국 나의 문제이기도 했습니다. 나는 완전히 좌절했습니다. 이 프로그램의 성공을 통해서 개인의 정체성과 조직의 정체성을 입증하고 싶었기 때문이지요.

안 될 거라고 부정적으로 말했던 사람들을 향해 "마이크로 파이낸스는 어느 곳에서든지 성공할 수 있습니다. 이 세상에서 가장 열악하다고 꼽히는 곳에서도 말입니다. 우리를 보세요!"라고 말하는 내 모습을 보며 스스로 기뻐했습니다.

우리의 성과를 발표하기 위해 워싱턴 D.C.에서 파워포인트 프레젠테이션을 만들었을 당시 나는 '열악한 환경 속에서 마이크로파이낸스를 실행하는 열 단계의 노하우'를 소개했습니다. 그 당시에는 내가 모든 답을 다 알고 있다고 생각했습니다. 하지만 더 이상 내세울 것이 없어져버렸습니다.

그래서 결국 어떻게 되었냐고요? 그 후 몇 년간 우리는 이 문제점을 광범위한 영역에서 심층적으로 조사했고, 이를 통해서 배운 것들은 나를 변화시키기에 충분했습니다. 운영상의 중요한 문제가 무엇이었는지에 대해서 우리는 큰 교훈을 깨달았습니다. 근본적인 위험은 빠른 성장, 적절한 계획의 부재, 아니면 프로그램 리더십에 있었던 것이 아니었습니다. 바로 우리의 마음 가짐에 있었습니다.

죄로 향하는 통로 *3

베스트 셀러 《위대한 기업은 다 어디로 갔을까 *How the Mighty Fall*》의 저자인 짐 콜린스 Jim Collins는 기업의 몰락이 외부 요소에 의해서가 아니라 바로 내부의 태도에서 시작된다고 말했습니다. 바로 오만함 말입니다.

기독교 서적의 저자는 아니지만 콜린스는 이미 성경에서도 잠언을 통해 경고한 바와 같이 '교만은 패망의 선봉이요 거만한 마음은 넘어짐의 앞잡이니라' _잠언 16:18 라는 사실을 깨달았던 것입니다. 거만한 마음이 반드시 외부적인 폭발로 결부되는 것은 아니지만, 어거스틴과 같은 교회의 원로들은 거만한 마음을 다른 죄악의 전조로 여겼습니다. 즉, 거만함이란 죄로 이어지는 통로인 것입니다. *4

창조자에게서 우리 마음을 돌리게 되면, 자만함은 우리 스스로를 창조물이 아닌 창조자라고 생각하게 만들고 '자기도취적' 눈으로 스스로가 선한 존재인 양 자기 자신을 바라보게 만듭니다. 그리고 이는 우리를 다른 죄악으로 이끌게 되지요. 더 큰 것, 더 찬란한 것을 원하게 되는 마음(욕심), 타인을 성적인 쾌락의 대상으로 여기는 마음(정욕), 부적절한 방법으로 좋은 것들을 취하려는 마음 등입니다. *5

머리기사에 오르는 너무나 많은 각종 스캔들을 볼 때면 자만심은 아주 사소한 일처럼 보입니다. 하지만 자만심이란 너무나 많은 죄악들의 근본 원인입니다.

궁극적으로 자만심은 우리로 하여금 잘못된 성공의 정의를 답습하게 합니다.

불행히도 자만심은 세속적인 비즈니스 영역에서만 국한된 것이 아닙니다. 이는 교회 집회에서도, 노숙자들을 위해 운영되는 수프 키친에서도, 그리고 콩고의 빈민들을 빈곤으로부터 구제하고자 했던 우리의 사역에서도 발견할 수 있습니다.

크게 한 건 하는 사역

우리는 당시 사람들이 쉽게 빠질 수 있는 착각 속에 빠져 있었습니다. 그래프가 지속적 성장을 보여주는 한, 우리의 사역이 성장하는 한, 우리 교회가 더욱 커지고 헌금이 더 많이 걷히는 한, 그리고 우리가 더 많이 선한 일들을 하고 있는 한, 우리는 바른 길로 가고 있는 것이 **틀림없어**.

더 큰 규모의 사역 또는 집회, 이 자체가 잘못되었다는 것이 아닙니다. 하지만 이렇게 외적으로 보여지는 규모에 환상을 갖는 것은 매우 치명적입니다.

리처드 포스터Richard Foster는 "어떤 실수도 범하지 않고 '크게 한 건' 하겠다는 마음. 그것은 예수 그리스도의 길의 정반대에 위치해 있습니다"라고 말했습니다. *6

결론적으로 우리는 그 당시 성공의 잘못된 정의를 받아들였던 것입니다.

며칠 전 나는 친구 커트와 함께 조지아에서 열린 결혼식에 참석했습니다. 결혼식으로 향하는 길에 우리는 한 교회의 커다란 옥외 광고를 보았습니다. 광고판의 정중앙에는 환하게 웃고 있는 담임 목사의 얼굴이 있었습니다. 그의 사진 아래 교회의 웹사이트 주소가 적혀 있었는데 이는 '그 목사의 이름 닷 컴'이었습니다.

"장담하건대, 이 교회는 결코 해피엔딩일 수 없을 거야"라고 커트는 말했습니다.

교회 옥외 광고판에 오직 그 교회 담임 목사에 관한 내용만 싣는 교회라면 그곳은 이미 문제가 있는 교회입니다. 예수님이 아닌 담임 목사가 드러나는 교회인 것이죠. 우리가 이야기의 중심이 되면, 우리의 이야기는 쓸모 없는 이야기가 되어버리고 맙니다.

슬피 우는 예언자

하나님께 있어서 성공은 우리가 가진 개념과는 정반대의 것이었습니다. 예를 들어 우리는 예레미야를 성공적인 선지자로 여깁니다. 하지만 예레미야에게는 40년간 그럴싸한 업적이라곤 아무것도 없었습니다. 그는 아무도 듣고 싶어 하지 않는 메시지만을 전달했습니다.

사회적으로 따돌림당하고 모든 이들에게 외면당했던 예레미야는 하나님으로부터 인생에 있어 아주 당연하게 여겨지는 행사들,

결혼식, 장례식, 파티들을 피하라는 명령을 받았습니다. 총각이었던 그는 결혼을 하거나 아이를 가질 수도 없었습니다.

하나님의 판단을 예견하는 그는 사람들에게 인기 있는 자가 아니었습니다. 예레미야는 '내가 조롱거리가 되니 사람마다 종일토록 나를 조롱하나이다'_예레미야 20:7 라고 토로했습니다.

심지어는 고향 친구들과 친척들까지도 그를 죽이려고 음모를 꾸미기도 했습니다.

감옥에 두 번이나 갇히면서 물이 말라버린 우물가에서 쇠약해져갔고, 굶주리기도 했습니다. 끝내는 구출되긴 했지만 그를 구한 것은 고향 사람들이 아닌 낯선 이방인들이었습니다. 심지어 그 무자비하기로 유명한 바빌론의 왕 느부갓네살이 다른 유다의 왕들보다도 예레미야에게 더 잘 대해주었다고 여겨질 정도였습니다.

예레미야는 이방인의 땅 이집트에서 인질로 죽음에 이릅니다. 그의 예언을 듣기 싫어하던 사람들을 향해 끝까지 진실을 전달하면서 말입니다.

그의 삶을 두고 성공한 사역이라고 말하기는 힘들 것입니다.

인생의 마지막이 마치 실패인 것처럼 보이는 인물은 예레미야 한 명만이 아닙니다. 감사할 줄도 모르는 고집 센 사람들을 광야에서 이끌었던 모세는 하나님께서 약속하신 땅에 들어가보지도 못하고 죽고 맙니다. 예수님의 생애 역시도 성공적으로 보이진

않습니다. 전 생애 동안 남기곤 간 것이라곤 11명의 겁쟁이 제자
들뿐이었습니다.

이쯤 되면 하나님께서는 우리와는 다른 잣대로 성공을 평가하
시고, 세상을 바꾸기 위한 어떤 다른 계획을 갖고 계시다는 것이
분명해 보입니다.

회복

후원자들에게 당신이 하고 있는 일의 성과가 형편없다는 사실을
전달하기란 참으로 입을 떼기 힘든 일일 것입니다. 콩고에서 운
영 프로그램을 재구성하는 작업을 하면서 우리는 이 같은 일을
경험했습니다.

2009년 내내 열악하고 일하기 힘들기로 소문난 지역에서 우리
는 우리의 사역을 확장하기 위해 '잊혀져버린 아프리카Forgotten
Africa'라는 캠페인을 벌였습니다. 서류 상으로는 콩고에서 폭발적
인 성장세를 보이고 있었고, 캠페인을 통해 현재 성과에 더 박차
를 가할 수 있는 아주 적합한 시기처럼 보였습니다. 이러한 접근
은 우리의 마케팅 포인트가 되었습니다.

그러다 2009년의 막바지에 예기치 않은 실패를 맛보았습니다.
우리는 실패담을 단순히 직원들과 나누는 차원이 아니라 그간 우

리에게 무슨 일이 일어났는지를 우리의 주요 후원자들과도 함께 나눠야 한다는 생각이 들었습니다. 가장 크고 가장 영향력이 있는 후원자 집단을 만나 점심 만찬을 갖기 위해 텍사스 행 비행기에 오르면서, 나는 속이 바짝 바짝 타 들어가는 것만 같았습니다.

책임감이 느껴졌고, 그리고 부끄러웠습니다. 열심히 일하는 현지의 사업가들, 직원들 그리고 후원자들…… 이 모든 이들에게 실망을 안겨준 것 같은 기분이었습니다.

하지만 몇 시간의 대화를 나눈 후, 후원자들은 놀랍게도 매우 관대했습니다. 그들은 우리가 어떻게 대처했는지를 알고 싶어 했습니다.

그래서 우리가 무엇을 배웠고, 그 결과 현재 어떻게 달리 일을 진행하고 있는지 알고 싶어 했습니다. 그러고 나서 하나님께서 실패를 통해 그들에게 어떤 가르침을 주셨는지 그들의 삶을 통해 체험한 교훈을 이야기해주었고, 낙담할 당시 기분이 어떠했는지를 함께 나누며 우리를 격려해주는 것이 아니겠습니까.

그들은 사업가 짐 아모스Jim Amos가 말한 다음의 이야기를 반복해서 들려주었습니다. "우리가 산 정상에 도달했을 때 보는 것은 그저 아름다운 광경뿐입니다. 진정한 변화는 산을 오르는 그 험한 과정 속에서 이루어지는 것입니다." *7

콩고에서 방향 전환을 겪은 후 우리는 천천히 고통을 감내하며 모든 것을 새로 짓기 시작했습니다. 실수를 통해서 결단코 잊어버릴 수 없는 중요한 교훈을 배웠습니다. '우리에게 튼튼한 기초와 사업 운영상 탁월함은 반드시 필요하다. 하지만 그것보다 더 중요한 것은 겸손하게 하나님을 의지하는 정신을 지속적으로 유지해야 한다는 것이다.'

우리에게는 성공에 대한 새로운 정의가 필요합니다.

하나님의 방법을 소망하기

성공을 단지 결과물 또는 남들과의 비교를 통해 측정할 때, 우리는 의심할 여지 없이 잘못된 방향으로 향하게 됩니다. 우리는 하나님의 '축복'을, 얼마나 많은 사람들이 나를 트위터에서 팔로우하는지, 얼마나 많은 사람들이 내 이름을 알아주는지, 얼마나 많은 사람들이 나를 행사에 초대해서 강연을 청하는지로 측정해버리기 쉽습니다. 그렇게 되면 우리는 성공의 잘못된 정의를 따르고 있는 것입니다.

교회의 높은 성장률에만 매혹되어서 교회 지도자들의 인품의 깊이를 들여다보는 것을 잊어버릴 때 우리는 똑같은 실수를 반복하게 됩니다. '대형교회'를 짓고서 '우리의 성공'에 대해서 자부심을 느낄 때 우리 스스로도 역시 '대형 자기도취'에 빠지기 쉽습니다. 겸허한 마음의 중요성은 아무리 강조해도 지나치지 않습니다. 존 타이슨John Tyson 목사는 이렇게 말했습니다. "우리의 영향력이 우리 인품을 능가할 때, 우리는 재앙으로 치닫게 됩니다."*8

나는 예수님의 삶에서 매우 다른 예를 봅니다. 예수님의 생애와 그분의 사역을 보면 영적인 자기 높임이나 숫자에 연연하는 집착과는 완연히 다른 모습을 볼 수 있습니다.

우리의 구세주께서는 성공을 좇는 슈퍼스타가 되기 위해서가 아니라 섬기는 자로서 이 땅에 우리를 섬기러 오셨습니다.

예수께서는 하나님을 사랑하고 우리의 이웃을 사랑하는 것이 성공이라고 정의 내리셨습니다. 어떤 수치의 상승이 아닌, 우리 안의 사랑의 확장이 가장 중요합니다. 예수께서 종교 지도자들을 향해 가장 크게 비판하셨던 것 중의 하나는 그들이 성공에 대해 잘못된 정의를 내리고 있다는 것이었습니다. 예배당에서 가장 중요한 요직에 앉게 되면 성공하는 것이라는 믿음, 그렇게 해야만 존경받는 선생이 될 수 있다는 생각 말입니다. 잔치의 윗자리와 회당의 높은 자리와 시장에서 문안 받는 것과 사람에게 랍비라 칭함을 받는 것을 좋아하느니라. _마태복음 23:6-7

성경을 대하는 태도는, 더 이상 하나님께 더 가까이 다가가길 원해서가 아니라 자신들의 평판을 드높이기 위한 수단이 되었습니다. 성공은 집착으로, 우상으로, 그리고 경배의 대상으로 변했습니다.

하지만 신약에서 예수 그리스도로 인해 변화된 사람들의 모습은 정반대입니다. 이들은 유명이나 부귀로부터 어떤 의미를 찾으려고 혈안이 되기보다는 주님 안에서 정체성을 찾기 위해 필사적으로 노력했습니다.

그들은 자신의 뿌리를 재점검했습니다. 그들은 왕의 아들, 딸들이었습니다. 스스로를 향해 관심을 쏟기보다는 구원자 되신 그분께 지속적으로 관심을 쏟았습니다.

우리 자신을 남들과 비교하는 대신, 주 안에서 부여받은 우리의 정체성을 다시 살펴봅시다. 그렇게 하면 우리에게 주어진 것들에 대해 충실한 청지기 역할을 할 수 있고 세상의 성공에 사로잡히게 되는 영적인 위험으로부터 우리 스스로 자유로워질 수 있습니다.

논의할 질문

1. 당신의 자라온 배경은 당신의 성공관에 어떤 식으로 영향을 미치게 되었나요? 좋은 쪽인가요, 아니면 나쁜 쪽인가요?

2. 성공을 잘못 정의하는 데에 따르는 위험에는 어떤 것들이 있을까요?

3. 미가서 6장 6-8절을 읽어보십시오. 이 구절에 따르면 하나님께서는 개인의 삶에 있어서 성공을 어떻게 정의하셨습니까?

우리가 콩고에서 성공의 정의를 잘못 내린 뒤 뒤늦게 깨달았던 교훈을 담은
비디오 자료를 보고 싶으시다면,
www.peterkgreer.com/danger/chapter6을 방문해보세요.

"우리가 산 정상에 도달했을 때 보는 것은 그저 아름다운 광경뿐입니다.
진정한 변화는 산을 오르는 그 험한 과정 속에서 이루어지는 것입니다."

성공을 단지 결과물 또는 남들과의 비교를 통해 측정할 때,
우리는 의심할 여지없이 잘못된 방향으로 향하게 됩니다.
우리의 구세주께서는 성공을 좇는 슈퍼스타가 되기 위해서가 아니라
섬기는 자로서 이 땅에 우리를 섬기러 오셨습니다.
예수께서는 하나님을 사랑하고 우리의 이웃을 사랑하는 것이
성공이라고 정의 내리셨습니다.
어떤 수치의 상승이 아닌, 우리 안의 사랑의 확장이 가장 중요합니다.

새벽 3시 친구들

피상적인 친구 관계가 불러올 수 있는
영적인 위험

07

3 A.M. Friends

친구의 아픈 책망은 충직으로 말미암는 것이나
원수의 잦은 입맞춤은 거짓에서 난 것이니라

- 잠언 27:6

✦

내 친구 데이브는 버지니아에서 새로 사역을 시작하는 목사 친구입니다. 과거 몇 년간 그의 교회는 엄청난 성장을 경험했습니다. 오늘날 그의 교회는 수천 명의 성도들을 섬깁니다. 이 교회는 적극적인 선교 활동 및 지역사회를 위한 사역을 활발히 벌이고 있습니다.

데이브는 행복한 가정 생활을 누리고 있는 사람입니다. 하지만 몇 년 전부터 교회의 한 젊은 여성이 그에게 적극적으로 관심을 표현하기 시작했습니다. 그 여성분은 분명 매력적인 사람이었습니다. 어느 날 데이브는 자신을 향한 그 여성의 관심, 둘 사이의 묘한 기운이 감도는 야릇한 친구 관계를 자신이 은근히 즐기고 있다는 사실을 깨달았습니다.

향후에 건전하지 못한 상황이 벌어질 수도 있음을 감지한 그는 교회의 장로들을 찾아갔습니다. 그리고 이 여성에 대한 이야기를 꺼냈습니다.

그는 그 여성과의 우정이 더욱더 깊어져 간다고 장로들에게 이야기했습니다. 그는 단순한 고백 이상으로 그분들에게 도움을 요청했습니다. 그는 자신이 겪고 있는 상황 속에 장로들이 개입해 주기를 바랐습니다.

그는 자신을 붙들어달라고 부탁했습니다.

겸손한 자세로 그는 말했습니다. "제게는 여러분의 도움이 필요합니다." 장로들은 그의 말을 잠자코 들어주었습니다. 그리고 기꺼이 돕겠다고 했습니다.

시간이 흘렀습니다. 하지만 실제로 장로들은 아무런 도움을 주지 않았습니다.

그래서 데이브는 다시 이 문제를 들고 그들 앞에 나갔습니다. 그는 또다시 도움의 손길을 요청했습니다. 장로들은 다시 한 번 기꺼이 돕겠다고 대답했습니다. 하지만 지금까지도 장로 중 어느 한 사람도 데이브에게 이후 그 여성과의 관계에 대해서 묻지 않았습니다.

나를 붙들어줄 진실한 친구

'붙들어줌'이란 책임을 물어주는 것입니다. 교회 내에서 자주 회자되는 유행어이지만 막상 실행하기는 어렵습니다. 특히 늘 선한 일만 하는 사람처럼 보이는 사람들을 향해 책임을 묻는다는 것은 더더욱 힘든 일입니다.

오늘날 우리는 아주 저명한 목사나 사역자들이 엄청난 실수를 저지르는 걸 보면서 충격을 받곤 합니다. 하지만 예수께서 다시 돌아오실 그날까지 우리는 늘 죄와 맞서 투쟁해야 하는 존재임을 깨닫는다면 이런 사건들을 그다지 충격적인 일이라고 볼 수도 없습니다. 우리 모두는 단 한 번의 결정으로 곧장 치명적인 결과로 향할 수 있는 그 지점에서 늘 불안 불안하게 서 있는 존재들입니다.

선한 일을 하는 사람들을 온갖 위험이 도사리고 있는 길목에 세워두고, '저 사람은 유혹으로부터 스스로를 지켜낼 수 있는 강력한 면역력을 지녔을 거야'라고 맹신해버리는 것은 영적으로 건강한 행위가 아닙니다. 이는 또한 좋은 친구가 되는 길도 아닙니다.

5년 전 여름, 친한 친구인 브라이언은 캘리포니아에 가서 바다도 보고 와인 농장도 가고 해안가 별장에서 보이는 태평양 풍경도 즐길 겸, 함께 놀러가자며 로렐과 나를 초대했습니다. 정말 환상적인 휴가 계획처럼 들렸습니다. 브라이언의 여자 친구도 함께 동행해서 여행을 떠날 계획이었습니다.

여행 바로 직전, 로렐과 나에게는 휴가를 취소해야 할 일이 생겼습니다. 하지만 브라이언은 이 좋은 기회를 놓치고 싶어 하지 않았습니다. 그래서 그는 여자친구와 함께 단둘이 여행을 떠나기로 했습니다.

브라이언이 여행을 떠나기 바로 직전, 나는 그와 이야기를 나눌 기회가 있었습니다. 그에게 그 여행 계획은 현명하지 못한 선택이라고 말해주어야 할 것만 같은 직감이 들었습니다.

그것이 마치 신혼 여행처럼 보였기 때문입니다. 단지 신혼 여행과 다른 것이라곤 둘이 결혼식을 올리지 않았다는 것밖에 없었습니다. 하지만 나는 그 이야기를 꺼내지 않았습니다. 브라이언은 내가 아는 이들 중에서 가장 독실하고 신앙심이 깊은 사람이었고 또 한편으로는 어색한 대화 분위기를 만드는 게 싫었기 때문입니다. 그가 나를 아무리 '붙들어주는 친구'로 여긴다고 해도 내가 그의 사생활에까지 굳이 관여할 필요가 없다고 생각했습니다. 안 그런가요?

이들은 결국 함께 여행을 떠났습니다. 일 년 뒤 브라이언과 여자 친구는 약혼을 했습니다. 모든 일이 순조롭게 흘러갔습니다. 하지만 결혼식 전날, 이들은 결혼을 취소했습니다.

결혼식을 치르고 있어야 할 그날 밤, 브라이언은 나와 다른 친구들과 함께 모닥불 주변에 둘러앉아 과연 무엇이 잘못된 것이었는지를 함께 진단해보는 시간을 가졌습니다. 결혼이 잘 성사되지 않은 아픔에 대해서 이야기하다가, 브라이언은 캘리포니아로 함께 단둘이 여행을 갔던 것은 현명하지 못한 선택이었다는 말을 꺼냈습니다.

모닥불 주변에 모여 앉아 있던 친구들은 우리가 이 친구를 실패하도록 만들었다는 사실을 깨달았습니다.

그는 우리에게 자신을 붙들어줄 것을 요청했었습니다. 하지만 데이브의 장로들과 마찬가지로 우리는 그 요청에 응하지 않았습니다. 우리가 진정한 친구가 되어주길 바랐던 그는 가끔씩 우리에게 묻곤 했지만, 상처주기 싫은 마음에 솔직히 대답하기가 꺼려졌던 우리는 아무런 대꾸도 해주지 않았던 것입니다.

새벽 3시에 물 위를 걷기

문학, 예술, 그리고 팝 문화에서 묘사되는 새벽 3시는 사람이 가장 감성적으로 밑바닥까지 가라앉는 시간입니다. 킹B. King을 블루스의 황제로 만들어준 곡은 바로 〈새벽 3시의 블루스3 O'Clock Blues〉입니다. 이 노래를 들으면 완전히 자포자기한 심정으로 인생을 한탄하게 됩니다. 에미넴을 비롯한 많은 아티스트들이 그의 뒤를 이어서 이 특정한 어두운 시간대를 노래하는 곡을 썼습니다.

성경에도 새벽 3시에 벌어진 흥미로운 사건이 하나 나옵니다. 제자들이 바닷가 한가운데 있는데 '밤 사경에 예수께서 바다 위로 걸어서 제자들에게 오셨습니다.' _마태복음 14:25

예수께서는 왜 이들에게 가셨던 것일까요? 예수님이 보인 기적에만 초점을 맞추는 바람에, 우리는 그분께서 애초에 왜 물 위를 걸으셨는지에 대해서는 잊어버릴 때가 많습니다. 바다 한복판에서 제자들은 좌초되었습니다. 이들은 해안가로 다가갈 수가 없었습니다. 새벽 3시경이 되자 이들은 고군분투하느라 기진맥진하게 되었고 거의 포기하기에 이르렀습니다.

이들이 가장 밑바닥으로 곤두박질치고 있을 때 예수께서 바다 한복판으로 걸어오셨습니다. 그분께서는 바람을 잠잠케 하셨습니다. 그리고 그들을 해안가로 데리고 가셨습니다.

예수께서는 새벽 3시에 그들에게 간섭하신 것입니다. 그들이 예수님을 가장 필요로 했던 그 시간에 말이죠.

새벽 3시의 전화

24살, 내가 갓 구호 및 개발 사역에 뛰어들어 일하고 있을 적에 나는 비행기를 갈아타기 위해 베트남에 도착했습니다. 마침 다음 번 비행기가 결항되었고 덕분에 아직 경험해보지 못했던 도시를 둘러볼 수 있는 하루의 기회가 공짜로 생겼습니다.

가까운 친구들은 내가 공짜라면 사족을 못쓴다는 것을 잘 알고 있습니다. 비행기 내에서 공짜 스낵이 나오면 나는 배가 고프지 않아도 나중에 먹을 생각으로 우선 챙기고 봅니다.

그런 이유로 호텔에서 '공짜 마사지'를 제공해주겠다고 했을 때 나는 당연히 감사한 마음으로 수락했습니다.

이른 오후, 나는 엘리베이터를 타고 호텔 지하로 내려갔습니다. 마치 병원의 병실같이 새하얀 작은 방들로 죽 이어진 긴 통로를 따라 걸어 들어갔습니다. 각 방에는 가운데에 마사지 테이블 하나만 덩그러니 놓여 있었습니다.

파란색 가운과 파란색 팬티를 건네받은 나는 방 안으로 들어가서 옷을 갈아입고 마사지사가 오기를 기다렸습니다.

마사지사가 들어왔고, 그녀는 서투른 영어로 인사를 건넸습니다. 그녀는 오일을 바른 후 마사지를 시작했습니다. 모든 것이 문제없이 흘러가고 있었습니다. 나는 긴장이 풀어지기 시작했고 잠시 업무 스케줄 생각은 접어두려고 했습니다.

하지만 약 30분여의 마사지가 끝나갈 무렵, 그녀는 전략을 바꾸었습니다. 나를 "뷰티풀 맨"이라고 부르며 자기 전화번호를 주었고 내 호텔방에서 마사지를 끝낼 수도 있다고 말하는 것이었습니다.

음⋯⋯ 이런 상황은 내가 일하는 기독교 구호 및 개발 사역 기관에서 나누어준 신입 직원 교육용 매뉴얼에 나올 법한 상황은 결코 아니었습니다.

나는 (혼.자.서.) 방으로 돌아왔고, 다른 어느 나라에 가더라도 절대로 마사지는 받지 않겠다고 다짐했습니다. 하지만 그 당시 무엇보다도 새벽 3시 친구들이 필요하다는 생각이 절실했습니다. 주님을 섬기는 일에 헌신하며 살기로 한 나의 그 다짐으로부터 좌초되지 않도록 인생에서 나를 붙잡아줄 수 있는 친구들. 내가 한밤중에 전화를 걸어 도움을 요청하면 무슨 일이든 제쳐두고 달려와줄 친구들. 나를 위해서 매주 또는 정기적으로 기도해주며 내가 **정말로** 잘 지내고 있는지를 물어봐줄 그런 친구들. 내 인생에서 담대하게 진실만을 말해줄 수 있는 친구들. 그런 친구들 말입니다.

새벽 3시의 개입

예수님은 제자들이 가장 나약하고 가장 무너지기 쉬운 시간인 새벽 3시에 등장하셨습니다. 주님은 진정한 우정에 관한 모범 예시를 보여주셨습니다.

내가 베트남에서 비행기를 갈아타야 할 때나 늦은 밤까지 컴퓨터로 작업을 하고 있을 때, 한밤중에 나를 위해 물 위를 건널 준비가 된 친구들이 필요합니다. 이들은 바로 단축 번호에 저장되어 있는 친구들입니다. 이들은 내가 무슨 일을 저질렀건 간에, 그리고 그 죄를 정확히 알고 있다 하더라도 결코 정죄하지 않고 어쨌든 나를 사랑해주고 받아줄 친구들입니다. 이들은 내가 자기기만적인 모습을 보이면 언제든 꾸짖어줄 만큼 나를 사랑해주는 친구들이자, 내가 도움을 요청할 때 변명을 늘어놓으며 나를 홀로 되돌려 보내지 않을 친구들입니다.

나에게는 이러한 새벽 3시 친구들이 매우 필요합니다.

유명한 목사님 한 분은 자신이 여행을 다닐 때에는 친구 한 명에게 부탁해두기를, 밤 11시에 전화해서 자신이 어리석은 짓을 하고 있지는 않은지 확인해달라고 당부한다는 이야기를 하셨습니다. 이런 친구가 바로 새벽 3시 친구입니다.

이 목사님 같은 경우에는 너무 유명해서 이곳 저곳을 여행해야 했기 때문에 이런 식으로라도 친구들을 글로벌한 방법으로 자기 삶에 개입시켜야만 했습니다. 그분 말씀으로는 이 친구들이 바로 지금의 풍성한 삶을 살 수 있도록 만들어준 결정적인 요인이라고 했습니다.

타락한 종교 지도자들에 대한 연구를 진행하던 댈러스 신학교의 하워드 헨드릭스Howard Hendricks 박사는 지난 2년간 도덕적 타락을 경험한 적이 있는 246명의 종교 지도자들을 인터뷰한 적이 있습니다.

박사는 그 사람들을 타락으로 이끌고 간 결정적인 요인이 무엇인지를 알고자 했습니다.

그가 발견한 결과는 놀라웠습니다. 이들 중 단 한 명도 '붙들어 주는 친구'가 없었던 것입니다. [1]

지금 새벽 3시 친구들을 머리 속에 떠올리는 것이 힘들다면, 아마도 당신에게는 진정한 새벽 3시 친구들이 없을 확률이 큽니다. 그렇다면 지금이야말로 당신을 더욱 잘 알 수 있도록 사람들을 초대하기에 가장 좋은 때입니다.

신뢰할 수 있는 그룹

성경을 보면 예수께는 여러 친구 그룹들이 있었음을 알 수 있습니다. 예수님에게는 가장 가까운 세 명의 친구, 야고보, 요한, 베드로가 있었습니다. 12명의 제자들이 있었고 자주 함께 여행하곤 했던 70여 명의 사람들이 있었습니다. 나는 주님이 보여주신 예를 나의 친구 관계에 적용하고 싶었습니다. 나는 세 개의 동심원을 그리고 각 원 안에 사람들의 이름을 적었습니다. 중심 원 안에는 새벽 3시 친구들이 있습니다. 아무 때나, 어떤 이유로든지 전화를 걸 수 있는 친구들입니다. 이 친구들의 가장 좋은 점은 바로 이들은 내가 먼저 전화 걸기만을 기다리지 않는다는 것입니다. 이 친구들은 주기적으로, 그리고 적극적으로 서로 먼저 연락합니다.

그 다음 원에는 나의 형제 집단이 있습니다. 다윗에게 용맹한 용사가 있었듯이 나에게는 이들이 나의 용사들입니다. 이들은 든든한 지원군입니다. 대학 동창들로부터 교회의 소모임 일원에 이르기까지, 이 넓은 범위의 그룹은 나와 몇 년 동안 알고 지내온 사람들입니다. 우리는 서로에게 대담해지는 것을 두려워하지 않습니다. 용기를 북돋워주기도 하지만 필요한 경우에는 꾸짖기도 합니다. 나는 한 달에 한 번꼴로 이들과 교제를 나눕니다.

그리고 세 번째 원은 더 광범위한 친구 그룹입니다.

이들은 나의 이웃, 직장 동료, 교회 친구들입니다. 이들과의 우정으로 나의 삶은 더욱 풍성해지고 더욱 완성되어갑니다. 서로 다른 역할을 하지만 세 개의 원은 건강한 관계를 형성하는 데 결정적인 역할을 합니다.

나는 나를 정말 잘 알아주는 친구들을 만들어가는 데에 더욱 집중합니다. 그렇지 않으면 나에 대해서 또는 내가 힘들어하는 일에 대해서 잘 알지 못하는, 그저 수많은 '아는 사람'들만 남게 될 뿐입니다. '페이스북 친구' 이상의 관계를 만들기 위해서 그리고 우리가 서로를 깊이 아는 진정한 관계로 진입하기 위해서 더욱 노력해야 합니다.

되든 안 되든, 일단 도형을 그려보십시오. 그리고 당신의 새벽

3시 친구들이 누구인지 생각해보십시오.

경고: 서로를 붙들어줄 만큼의 관계를 만들기 위해서는 시간이 필요합니다. 하지만 우리 대부분은 시간이 없습니다. 그래서 친구간의 진정한 책임감을 느끼기 어렵습니다. 하지만 노력을 쏟아보시기 바랍니다. 그 어떤 것보다도 깊은 우정은 우리의 인품을 빚어가는 데 큰 영향을 미칩니다. 피상적인 관계를 맺는 데 애를 쓴 결과로 주변에 나를 붙들어줄 친구들이 없다면 좌초될 수 있습니다.

잠언의 저자는 다음과 같이 조언했습니다. "지혜로운 자와 동행하면 지혜를 얻고 미련한 자와 사귀면 해를 받느니라." _잠언 13:20

결혼식을 올리고 있어야 할 시간에 쪼그리고 앉아 모닥불을 보고 있는 브라이언을 보면서 우리 친구들은 그가 새벽 3시 친구들을 절실히 필요로 하고 있다는 사실을 다시금 깨달았습니다. 그는 혼자서는 그 길을 걸어갈 수 없다는 걸 알고 있었습니다. 그렇게 하고 싶어 하지도 않았습니다.

지금 브라이언과 나는 서로를 붙들어주는 친구일 뿐만 아니라 서로에게 모든 것을 솔직히 공개하는 친구입니다. 우리는 대화를 나눌 때면 각종 주제들에 대해 이야기합니다. 절망감을 느끼게 하는, 또는 부당하다고 생각되는 인간 관계에서의 어려움을 토로하는 것에서부터 아무에게도 말 못할 민감한 문제에 이르기까지 우리의 대화 범위에는 제한이 없습니다.

요점은, 선한 일을 하는 사람들이라고 해서 유혹을 이겨낼 수 있는 더 강력한 면역력을 가진 것은 아니라는 점입니다. 우리 모두에게는 새벽 3시 친구들이 필요합니다. 가장 낮은 모습도 사랑해줄 수 있는, 그리고 우리 자신으로부터 우리를 보호해줄 수 있는 그런 친구들 말입니다.

논의할 질문

1. 이번 장에서 이야기한 새벽 3시 친구는 당신이 어느 때든 전화 걸 수 있는, 그리고 당신을 진정으로 붙들어줄 수 있는 친구를 말합니다. 당신의 새벽 3시 친구에게 전화를 걸고 싶었던 순간이 있습니까?

2. '붙들어줌'이라는 개념은 교회 내에서 종종 유행어처럼 사용되는 말입니다. 당신이 다니는 교회에서 서로를 붙들어주는 역할이 중요하다는 것을 느낀 적이 있나요? 왜 그런 생각이 들었습니까?

3. 예수님은 친구 그룹을 여럿 갖고 계셨지만 가장 친밀한 그룹에는 세 명의 친구가 있었습니다. 당신의 삶에는 이러한 새벽 3시 친구들이 있습니까?

4. 친구가 되어주기를 바라는 사람들에게 당신은 어떤 식으로 노력하나요?

5. 교회 일원들을 더욱더 잘 붙들어줄 수 있는 사람이 되기 위해 실천할 수 있는 일들에는 어떤 것들이 있을까요?

'신뢰할 수 있는 그룹' 도형의 예를 보고 싶으시다면,
www.peterkgreer.com/danger/chapter7을 방문해보시기 바랍니다.

하나님은
당신의 일보다
나의 일을 더
사랑하십니다

신성한 일과 세속의 일을 구분 지을 때의
영적인 위험

08

God Loves My Job More Than Yours

세속의 일도 신성하다는 것을 깨닫는 것이 바로 교회가 할 일이다.

• 도로시 세이어스 Dorothy Sayers

모스크바에서 찐 양배추로 만든 보르시치(러시아 수프의 일종 – 옮긴이)를 먹으며, 나는 내 인생의 진로를 바꾸게 되는 대화를 나누고 있었습니다.

나의 모교인 메시아 대학교의 모든 인터내셔널 비즈니스 전공 학생들은 인터내셔널 비즈니스 기관을 체험해야만 합니다. 다른 열 개 남짓한 대학들에서 온 학생들과 함께 10주간의 여름 동안, 학생들은 유럽 각국과 러시아를 다니며 여러 글로벌 기업들과 각국의 중앙 은행을 방문하는 집중 교육을 받습니다.

여행 2주째, 우리는 보리스 옐친이 대통령 후보 캠페인을 벌이고 있던 모스크바의 붉은 광장에 도착했습니다. 역사적인 순간으로 기록될 그 시간, 바로 그 장소에 우리도 함께할 수 있었습니다.

또한 모스크바에 있는 동안 우리는 러시아에서 선교 사업을 하고 있는 여러 선교사들과 편안한 식사 자리를 가질 수 있었습니다. 내 옆에 앉아 계시던 분은 철의 장막이 걷히고 난 뒤 기업들이 좀 더 활발히 비즈니스를 할 수 있도록 돕고 계시던 분이셨습니다. 그분은 비즈니스와 사역에 관심이 있어서, 마이크로 파이낸스라고 불리는 이 분야를 도구로 이용해서 얼마나 잘 접목시킬 수 있는지가 주된 관심이라고 설명했습니다.

순간 관심이 확 쏠렸습니다. 도움이 필요한 여성들에게 그저 물고기를 나눠주기보다는 낚시 사업을 할 수 있는 기본기를 닦도록 돕는 일이 더 멋진 아이디어라는 사실에 무척 공감이 되었습니다.

그 순간 이후로, 나의 모든 보고서와 현장 조사 프로젝트는 빈곤 가정들이 빈곤에서 탈출하도록 돕고 지역 교회가 자신들의 커뮤니티를 섬길 수 있게 도와주는 이 특정한 경제 개발 방식에 초점을 맞추게 되었습니다. 지도 교수였던 론 웹Ron Webb박사님은 나의 이 관심사에 더욱 불을 지펴주셨고 이 분야에 관련된 경력을 쌓는 꿈을 꿀 수 있도록 도와주셨습니다.

졸업할 무렵, 나는 완전히 들떠 있었습니다. 열정이 가득 담긴 자기소개서를 쓰고, 내가 알고 있는 모든 기독교 가치에 기반을 둔 마이크로 파이낸스 기관들에 이력서를 뿌렸습니다. 그 어느 곳이든지 갈 준비가 되어 있었습니다. 어떤 일이든 할 준비가 되어 있었습니다. 월급을 안 받아도 상관없었습니다. 경험을 쌓고 싶다는 생각만 간절했습니다.

그렇게 결과를 기다렸습니다. 기다리고 또 기다렸습니다.

마침내 한 통의 답장을 받았습니다. 엽서가 한 장 날아왔는데 그 안에는 이렇게 적혀 있었습니다. '지원해주셔서 감사합니다. 향후에 귀하의 관심사와 관련된 자리에 공석이 발생할 경우를 대비해 귀하의 이력서를 잘 보관하고 있도록 하겠습니다.' 다른 기관들은 그나마 이런 답장조차도 없었습니다.

좋은 징조가 아닌 것이 분명했습니다.

세계 어디로든 갈 마음의 준비는 이미 다 되었는데, 해외는커녕 내키지 않는 마음으로 매사추세츠의 부모님 집으로 다시 들어가야만 했습니다. 부모님 집에 얹혀 사는 것은 모든 야심찬 대학 졸업자들의 꿈 아니겠습니까?! 정말이지 자존심이 무척 상했지만, 플랜 B를 준비해야 하는 시점에 이르렀음이 분명했습니다.

이번에는 다른 분과 식사를 하던 중에 플랜 B를 구상하게 되었습니다. 아침 기도 모임 조찬 자리에서 나는 매사추세츠 렉싱턴에 있는 한 사립학교의 교장 선생님이셨던 베리 쿱스Barry Koops 박사님을 만났습니다. 모스크바에서는 보르시치를 먹었지만, 그 당시 나는 보스턴 시내 한복판에서 과일과 요거트를 먹고 있던 중이었습니다.

마이크로 파이낸스에 대해서 듣기보다는, 어시스턴트 비즈니스 매니저를 구한다는 말씀을 들었습니다. 지불 회계 및 외상 매출 관리, 예산, 급여 관리 그리고 재정 조달을 담당하는 일이었습니다. 이들은 급하게 사람을 필요로 했습니다.

나는 일주일도 안 되어서 면접을 보았고 바로 일을 시작했습니다. 마음 한구석에서는 직장을 잡게 되어서 감사한 것도 있었지만, 내가 현실과 타협했다는 기분이 들었습니다. 훌륭한 학교에서 아주 괜찮은 일을 하고 있었지만 마음 한편에서는 차선책으로나 선택할 만한 일이라는 생각이 남아 있었습니다. 나의 가슴은 국제 사역으로 가득 차 있었습니다. 그리고 따지고 보면 해외에서 불쌍한 사람들을 도와주는 일이 매사추세츠 렉싱턴에서 고등학생들을 돌보는 일보다 더 숭고한 일 아닌가요? 안 그렇습니까?

나는 거짓된, 매우 위험한 계급의식을 품고 있었던 것입니다. 나의 위계 체계에서는 해외 사역이 가장 꼭대기에 위치하고 있었습니다. 그 다음은 바로 미국에서의 풀 타임 기독교 사역 그리고 그 다음으로 의사, 교사, 또는 사회 복지사와 같은 명예로운 직업들이 뒤를 이었습니다.

나의 선입견은 가족 혈통에서 비롯된 것입니다. 외할아버지께서는 필라델피아의 록스보로그Roxboroug 역사상 최초로 세워진 초대 교회의 목사이셨습니다. 친할아버지는 지금은 돌아가셨지만 한때 오페라 가수이셨습니다. 그분은 교회를 순회하며 성경을 낭독하는 일을 하셨습니다 (할아버지는 신약의 대부분은 암송하셨습니다). 아버지 역시 목사이셨기 때문에 풀 타임 사역은 나의 DNA에 흐르는 소명이었습니다.

하지만 풀 타임 사역을 다른 직업보다 더욱 숭고한 것으로 여기는 생각은 매우 비성경적인 시각입니다. 주님을 위해 세상에 영향력을 미칠 수 있는 우리의 능력을 좀먹는 것이며 이러한 태도는 대부분의 교회들로 하여금 세상에 대해서는 철저한 방관자가 되고, 오직 목사들 또는 선교사들만을 응원하는 결과를 초래하게 됩니다.

내부자 대 외부자

하나님께서 세상에 오시기로 결심하셨을 때, 우리의 구원자이신 그분은 종교 지도자가 아닌 블루 칼라 노동자, 즉 양치는 목동에게로 직접 찾아오셨습니다.

《하나님 나라를 위한 소명 *Kingdom Calling*》이라는 책에서 저자 에이미 셔먼Amy Sherman은 잠언 11장 10절의 말씀을 자세히 다루며 어떻게 '의인이 형통하면 성읍이 즐거워하는지'를 분석했습니다. 의인 즉, 하나님의 마음을 아는 사람들의 대부분은 성전에서 일하는 사람들이 아닙니다. 이들은 대부분 도시 안에서 다양한 일을 하는 자들입니다. 일을 통해서 하나님께 영광을 돌리며 사업이 번영할 때, 그 가운데 엄청난 축복이 일어나게 됩니다.

우리의 사역이 일상의 삶과 결부될 때 공동체 전체가 이익을 보게 되는 것입니다. 단순히 일요일에만 이 기쁨을 누리는 것이 아닙니다.

경제적으로 불황을 겪고 있는 마을에서 천 명의 사람들을 고용하는 CEO를 한번 생각해보십시오.

가난한 사람들을 상대하는 일이 돈 되는 일이 아님에도, 저소득층 환자들을 위해 일하는 의사를 생각해보십시오.

문맹률이 높은 지역에서 아이들에게 글을 가르치기 위해 노력하는 초등학교 교사를 생각해보십시오.

이런 것들이야말로 우리가 축하하고 기뻐해야 할 일들입니다. 하나님은 어느 직업을 막론하고 일터에서 우리와 함께하신다는 성경의 예시들이 있음에도 불구하고, 함께 일하던 인턴 친구들이 개인 사업체에 입사해 '평범한 직장'을 다녀야 할 때면 풀이 죽어서 슬퍼하는 모습을 종종 봅니다. 이들은 풀 타임 기독교 사역을 하지 않으면 마치 자신이 세상과 타협하는 것이라고 생각합니다. 또 이런 이야기도 들었습니다. 기업의 경영자들이 사역의 리더 역할을 자진해서 맡으면서, 성공적인 삶에서 더 나아가 의미 있는 삶으로의 전환을 꾀한다는 것입니다. 그러다가 그러한 기회의 문이 바로 열리지 않으면 실망한다는 것이죠. 이들은 자신들이 개인 사업에 안주하고 있는 게 아닌가라고 느낍니다.

사역을 더 숭고한 것으로 받아들일 때에 마주하게 되는 영적인 위험은 곧 이러한 감정들에 휩싸이게 되는 것입니다. 풀 타임 사역을 일종의 숭고한 소명으로 칭송하면 우리는 자신의 소명을 폄하하게 되고 이는 예수를 따르는 다른 많은 이들에게도 영향을 미치게 됩니다.

캔자스 주 리우드 지역에 있는 부활의 교회Church of Resurrection 담임 목사 애덤 해밀튼Adam Hamilton은 우리가 약 40여 년의 세월 동안 9만 6천 시간을 우리의 일에 투자하고, 2천 2백 66시간을 교회에서 보낸다고 말했습니다. *1

자신이 속한 대형교회 성도들을 향해서 그는 다음과 같이 직접적으로 이야기했습니다. "우리 모두가 이미 선교사로 태어났고, 우리의 소명은 일터로 가서 그곳에서 사람들을 축복하고, 사랑하고, 치유하고, 정의를 구현하고, 하나님을 섬기는 것이라는 사실을 우리 중에서 만약 1만 2천 명이 깨닫고 그렇게 실천하기로 결심한다면, 분명히 말하건대, 이 세상은 달라질 것입니다." *2

만약 이런 것을 풀 타임 사역이라고 한다면 우리 모두는 풀 타임 사역에 종사하는 것입니다. 하나님의 사역을 위한 에이전시에는 은행원과 간호사와 벽돌공도 포함되어 있습니다.

장벽 허물기

성스러운 일과 속세의 일을 구분 지으려고 하는 우리를 향해 강한 질타를 날리는 삶을 소개하고자 합니다. 에이브러햄 퀴퍼 Abraham Kuyper의 소신 있는 삶입니다.

퀴퍼는 목사의 아들로서 19세기 말과 20세기 초를 살았던 사람입니다. 목사이셨던 아버지의 뒤를 이어 비즈드Beesd 마을에 위치한 네덜란드 개혁 교회Dutch Reform Church의 목사가 되었지만 그는 정치를 통해 세상에 영향력을 끼치는 사람이 되어야 한다는 소명의식을 느꼈습니다.

그는 '풀 타임 사역'을 떠나 정계에 입문했고 결국은 네덜란드의 수상이 되었습니다. 그는 또한 기자이자 신학자로서도 활동했습니다. 기자 활동을 통해서 그는 기독교 공동체를 부흥시키는 일에 기여했습니다. 정치적 리더로서의 역할을 통해서는 교육을 개혁하는 데 이바지했습니다.

그의 깊은 신앙심은 목사였을 때나 정치인이었을 때나 늘 동일하게 그의 중심에 놓여 있었습니다.

그가 남긴 유명한 말이 있습니다. "인간의 전 생애에 있어서 우리의 주권자이신 예수 그리스도께서 '이건 내 것이다' *3라고 선포하지 않은 부분은 단 한 곳도 없다."

복음을 전하기 위해 반드시 풀 타임 목사로 살아야 할 필요는 없습니다. 모든 사람들이 목사가 되기 위해, 복음을 가르치기 위해, 또는 예배를 인도하기 위해서 태어난 것은 아닙니다. '우리가 한 몸에 많은 지체를 가졌으나 모든 지체가 같은 기능을 가진 것이 아니니 이와 같이 우리 많은 사람이 그리스도 안에서 한 몸이 되어 서로 지체가 되었느니라'_로마서 12:4-5 라고 바울은 말했습니다.

당신이 가장 잘 섬길 수 있는 영역에서 재능을 활용해 복음을 전하도록 예수께서는 당신을 부르고 계십니다.

코바늘 뜨기로 삶을 바꾸기

사회적 기업의 부상으로 인해서 사역과 비즈니스를 구분 짓던 경계선이 점차 흐려지고 있습니다. 나는 최근에 프락시스Praxis라는 젊은 사회적 기업가 모임에 참여해 콜 크레셀리우스Kohl Crecelius라는 20대 중반의 사회적 기업가를 만났습니다.

고등학교에 다닐 당시 콜은 코바늘 뜨기를 좋아했습니다. 그래서 그는 두 명의 친한 친구들에게도 코바늘 뜨는 법을 가르쳐주었습니다. '코바늘 뜨는 친구들'이라는 별명을 갖게 된 이들은 함께 바느질로 모자를 만들어 팔아 화려한 프롬 나이트(미국에서 고등학교 졸업생들이 마지막으로 갖는 큰 파티-옮긴이)를 즐길 만큼 충분한 돈을 벌어들이기도 했다고 합니다. 프롬 데이트 파트너와 열기구를 탔다고 하니 이들이 얼마큼 벌었는지 짐작이 가시죠?

각자 서로 다른 대학으로 진학하고 난 후 이들은 코바늘 뜨기를 잠시 잊고 살았습니다. 그러다 콜의 친구인 스튜어트가 우간다로 가게 되었습니다. 다시 돌아온 그는 사람들이 난민 캠프의 열악한 환경 속에서 어떻게 살아가는지, 그리고 "제발 일자리를 주세요"라며 얼마나 절박하게 일하기를 원하는지를 친구들에게 들려주었습니다.

"코바늘 뜨기 아이디어가 그때 떠올랐어요. 하지만 저 스스로도 의구심이 들었죠." 콜은 이야기했습니다. "당시 저는 코바늘 뜨기 같은 건 이 세상이 원하는 일이 아니라고 생각했습니다. 뭔가 더 크고, 더 웅장한 일을 하고 싶었죠."[*4]

하지만 이들은 한번 시도해보았습니다. 이들은 우간다 정부가 운영하는 캠프 내에서 열 명의 여인들에게 코바늘 뜨는 방법을 가르쳤습니다. 지금 우간다에서는 백 명의 여성들이 모자를 만들고 있습니다. 페루와 우간다 두 곳에서 사업을 운영하는 이 '코바늘 뜨는 친구들'은 제품을 직접 만든 사람의 서명이 들어 있는 모자와 옷들을 노드스톰 백화점, 럭셔리 소매점, 그리고 온라인 등에서 판매하고 있습니다.

코바늘 뜨기와 같은 아주 간단한 일이 세상을 바꾸고 있는 것입니다.

170

뛰어난 장인

구약에 등장하는 막사로 만든 이동 성전인 장막Tabernacle을 생각할 때, 우리는 보통 성직자, 향, 그리고 번제물만을 떠올리곤 합니다. 그 일에 가담하는 장인들 또는 숙련된 노동자들은 생각하지 않습니다.

하지만 하나님께서 예배당을 지으라고 말씀하셨을 때, 이는 단지 성직자를 향해서만 말씀하신 것이 아닙니다. 주님은 또한 특별히 예술인과 장인들에게도 권한을 부여하신 것입니다.

주님은 지성소를 건축하는 일에 브살렐을 택하셨습니다. "하나님의 영을 그에게 충만하게 하여 지혜와 총명과 지식으로 여러 가지 일을 하게 하시되 금과 은과 놋으로 제작하는 기술을 고안하게 하시며"_출애굽기 35:31-32 브살렐에게 고귀한 일을 맡기셨습니다. 주님은 모세가 리더가 되도록, 미리암이 선지자가 되도록 권능을 불어넣으셨던 것처럼, 브살렐에게도 주님의 영을 불어넣어주셨습니다.

장인에 대해서 생각해봅시다. 설교하고 예배를 이끄는 재능을 사용하시는 것과 마찬가지로 우리의 창의적인 재능을 사용하기 원하신다는 것은 아주 당연해 보입니다. 이제는 교회 내에서 다양한 영역에서의 창의적인 재능과 기술들이 발현될 수 있도록 격려해줘야 할 때입니다.

신성한 일과 속세의 일을 구분 짓지 않는 사람들이야말로 이 사회에 영향력을 미칠 수 있는 사람들입니다. 나의 친구인 앨런과 캐서린이 아주 훌륭한 예입니다.

왕국의 사업

매주 토요일 아침 앨런과 캐서린은 아이들과 함께 팬케이크를 먹습니다. 한번은 이들의 주말 의식에 참석하는 영광을 누린 적이 있습니다. 앨런은 땅콩 버터와 100퍼센트 자연산 메이플 시럽을 곁들인 황금빛이 도는 갈색의 팬케이크를 대접했습니다. 하지만 팬케이크를 맛보기 위해서는 노력이 따릅니다. 앨런이 팬케이크를 휙 던지면 그걸 접시로 잘 받아서 먹어야 합니다.

굉장히 소박하고 가족 중심적인 이들의 라이프스타일만 본다면, 이들이 건물, 전력소, 풍력발전용 풍차, 그리고 아마도 전 세계에서 아주 소수의 회사만이 옮길 수 있는 그런 거대한 구조물들을 옮기는 큰 회사를 소유하고 있다는 사실을 알아챌 수 없을 것입니다.

앨런은 비즈니스에서 소명을 발견했습니다. 그는 자신이 할 일에 굉장히 집중하고 그것을 밀고 추진해가는 사람입니다. 앨런은 자신이 하는 모든 일에서 탁월함을 추구합니다. 그의 회사 본사를 방문했을 때, 그가 직원들을 일일이 알고 있고 그들 개개인을 매우 아낀다는 것을 바로 알 수 있었습니다. 그가 방에 들어서자 직원들은 그에게 이야기를 건네러 서로 다가왔습니다. 그의 팀이 그를 존경하고 있는 것이 매우 분명해 보였습니다. 직원들이 이야기할 때면 앨런은 그들의 눈을 바라보았습니다. 그리고 경청했습니다. 앨런에게는 그의 일이 단순히 직업만이 아니었습니다. 그것은 소명이었습니다.

이들 부부는 자신들이 완벽하지 않은 사람임을 스스로 잘 알고 이를 인정합니다. 하지만 9백 명이 넘는 사람들에게 일자리를 제공하면서 그들은 예수님이 중심이 되는 삶이 어떠한 것인지에 대한 모델을 제시하며 사람들에게 영향력을 끼치고 있습니다.

또한 오래전 앨런과 캐서린은 재정적 마지노선을 세워놓았습니다. 자신들의 수입이 중산층의 월급 수준으로 유지되도록 상한선을 정한 것입니다. 만약 주께서 이들을 재정적으로 축복하고 싶으시면 이들은 그 나머지의 여분만큼 남들을 위해 사용할 수 있는 것입니다. 이들은 자신들의 회사 소유권을 공익신탁으로 전환시켰습니다. 이들은 더 이상 회사를 소유한 것이 아니라 회사를 섬기는 청지기 역할을 하는 것입니다.

오늘날 이 회사 수익의 50퍼센트는 전 세계 기독교 사역 기관들을 지원하는 기금으로 사용됩니다.

투자 결정은 회사 내의 팀이 결정하는데 임원들과 그들의 배우자까지 모두 합해서 50명 이상의 사람들이 이 과정에 참여합니다.

하지만 이 모든 엄청난 일들이 애초에 일어나지 않았을 수도 있었습니다.

헌신적 기독교인인 앨런이 대학교를 졸업할 당시, 친구들은 '뭔가 의미 있는 일'을 위해서 풀 타임 사역을 해야 한다고 그에게 조언했습니다.

아버지와 함께 몇 년간 비즈니스를 하면서 앨런과 그 당시 약혼녀였던 캐서린은 사우디 아라비아에서 선교를 하기로 결심했습니다.

하지만 하나님께서는 다른 계획을 갖고 계셨습니다. 그들이 떠날 준비를 하고 있을 때, 앨런의 아버지는 제안을 했습니다. 아버지는 곧 은퇴할 계획이었기 때문에, 앨런과 동생에게 비즈니스를 넘겨줄 생각이었던 것이지요.

만약 앨런이 사우디 아라비아로 갈 생각이라면 다른 사람에게 회사를 팔겠다고 했습니다.

앨런과 캐서린은 기도했습니다. 25년도 더 지난 지금, 이들은 테네시에서 열심히 신앙생활을 하고 있습니다. 하나님께서는 비즈니스를 통해서 이들에게 축복을 내려주셨습니다.

하지만 그 축복은 단지 재정적인 것 그 이상이었습니다. 앨런과 캐서린이 수입을 제한하기로 결심했을 때 그들은 자신들의 회사가 하나님의 왕국을 건설하는 데 동참하기를 간구했습니다.

첫 해, 이들 부부와 다른 동료들이 함께 5만 달러를 모았습니다. 함께 기도하면서 이들은 이 돈이 국제사회를 위해 사용되어야 한다는 데에 뜻을 모았습니다. 그 다음 해, 이들은 15만 달러를 모았습니다. 2000년대 초반이 되자 이들은 일 년에 백만 달러씩 기부할 수 있었습니다.

2003년, 한 세일즈맨이 엄청난 목표를 세웠습니다. '이 회사가 한 달에 백만 달러씩을 기부할 수 있으려면 어떻게 해야 할까요?' 그들은 2005년에 이미 이 목표를 달성하였고 매해 목표를 초과하기 위해서 애쓰고 있습니다.

"나눔은 엄청난 즐거움입니다." 앨런은 말합니다. "무언가를 주는 사람이 되는 것이 무언가를 소비하는 사람이 되는 것보다 훨씬 더 즐거운 일이라는 확신을 갖게 되었습니다."

나는 이들 부부를 통해서 많은 것을 배웠습니다. 사람에게 어떻게 투자해야 하는지, 어떻게 가족을 우선순위에 두어야 하는지, 어떻게 땅콩버터와 시럽만으로도 맛있는 팬케이크를 만들 수 있는지를 배웠습니다. 하지만 가장 중요한 건, 섬김과 사역의 위계질서를 우리 스스로 무너뜨릴 때 어떤 일이 생기는지를 직접 보았다는 것입니다.

사회적 기업을 통해서 또는 앨런처럼 비즈니스가 소명이라고 느끼는 사람을 통해서, 교회는 우리의 직업이 곧 우리의 사역이라는 것을 빨리 깨달아야 합니다.

더 이상 체조 경기장이나 축구 경기장 같은 곳에서 설교하는 것이 복음을 전하는 최선의 방법이 아닙니다. "다음에 일어날 하나님의 위대하신 움직임은 바로 일터에 있는 하나님의 사람들을 통해서 일어나게 될 것을 믿습니다"라고 빌리 그레이엄Dr. Billy Graham 박사는 말했습니다. *5

당신이 만약 주님을 따르는 자라면 이미 풀 타임 사역활동을 하고 있는 것입니다. 당신의 시간을 어떤 일에 쏟든 말입니다!

논의할 질문

1. 기독교 사역의 거짓된 위계질서를 직접 경험해본 적이 있으십니까? 만약 그렇다면, 왜 많은 사람들이 성스러운 일을 속세의 일보다 더 우위에 두는 경향이 있다고 생각하나요?

2. 하나님께서는 당신에게 어떠한 특별한 은사를 주셨습니까?

3. 출애굽기 35:30-36:2을 읽어보십시오. 하나님께서는 장인들에게 어떠한 방법을 통해 주께 영광을 돌리도록 하셨나요?

4. 하나님에게 영광을 돌리기 위해 당신의 은사를 사용한 적은 언제입니까?

앨런이 경험을 나누는 영상을 보고 싶으시다면
www.peterkgreer.com/danger/chapter8을 방문해보세요.

풀 타임 사역을 다른 직업보다 더 숭고한 것으로 여기는 생각은
매우 비성경적인 시각입니다. 이러한 태도는
대부분의 교회들로 하여금 세상에 대해서는 철저한 방관자가 되고
오직 목사들 또는 선교사들만을 응원하는 결과를 초래하게 됩니다.
일을 통해서 하나님께 영광을 돌리며 사업이 번영할 때
그 가운데 엄청난 축복이 일어나게 됩니다.
사역이 일상의 삶과 결부될 때 공동체 전체가 이익을 보게 되는 것입니다.
단순히 일요일에만 이 기쁨을 누리는 것이 아닙니다.

지렁이 밥

당신이 이야기의 주인공이라고 생각할 때의
영적인 위험

09

Worm Food

하나님께서 나에게 지속적으로 부어주시는 선물들
예를 들어 나의 건강, 나의 지적 능력, 나의 감성을 생각할 때면
너무도 놀랍습니다. 그리고 내가 그분께서 주신 은사를
하나님의 영광을 위해서 계발하는 게 아니라
사람들 앞에서 더 잘 보이려고, 그들의 동의와 칭찬을 구하려고
남들과 경쟁하는 데 사용하고 있다는 사실을 깨달으면서
또 한 번 놀라게 됩니다.*1

• 헨리 나우웬Henri Nouwen

감사의 글

새 책을 읽을 때면 나는 맨 뒷장에 실린 '감사의 글' 페이지를 먼저 읽습니다. 요상한 습관이라는 걸 저도 압니다.《빈자들이 기뻐하리라 *The Poor Will be Glad*》를 쓰고 나서 어느 누구도 혼자서 책을 출판하는 것은 불가능하다는 것을 깨달았습니다. 어린아이 한 명을 키우는 데 마을 전체의 보살핌이 필요하듯이 책 한 권이 나오기 위해서는 훌륭한 편집자들과 저자와 친구들과 동료가 필요합니다.

피터 그리어가《우리 시대의 선행과 영적 위험》이란 책을 썼다고 말하는 것은 사회적으로 용인될 수 있겠지만, 이 모든 이야기가 바로 내 이야기라고 말하는 것은 오직 진실의 일부만을 과장한 말입니다.

3년 전, 애즈버리 대학교를 졸업한 안나는 우리의 사역에 인턴으로 동참했습니다. 안나는 영문학 전공자로서 나에게는 없는 훌륭한 작문 실력을 갖춘 사람이었습니다. 인턴십 기간 동안 그녀는 내가 이동하면서 남긴 음성 메시지를 듣고 그것을 잘 편집해서 논리 정연한 메시지로 다듬어주었습니다. 내가 짧은 노트를 보내면 그것을 잘 편집해서 블로그에 올리거나 프레젠테이션 자료로 탈바꿈시켰습니다. 인턴십이 끝나갈 무렵 우리는 안나를 채용했고, 그녀는 내가 작성하는 모든 글들을 훌륭하게 손보아줍니다. 아마 여러분이 지금 읽고 있는 이 문장도 그녀의 편집을 거친 것일 겁니다.

하지만 이 책이 출판되는 데 기여한 사람은 안나뿐만이 아닙니다. 앨리를 만나지 못했다면 우리는 이 책을 마무리할 수 없었을 것입니다. 암 투병 중임에도 불구하고, 심지어 병원에서 치료를 받던 기간에도 아주 열성적으로 책을 위한 조사를 하고 글을 써준 놀라운 동료입니다.

하지만 안나와 앨리뿐 아니라, 나의 에이전트인 앤드류, 앤디 그리고 베타니 하우스의 편집 팀이 아니었다면 이 책은 출판될 수 없었을 것입니다. 나는 한때 〈엄마 가슴이 너무 벅차올라! *Mommy's Heart Went POP!*〉라는 어린이들을 위한 동화를 자비로 출판하려고 했던 적이 있습니다. 하지만 이제는 전문가들로 이루어진 팀의 역할이 얼마나 중요한지를 깨달았습니다. 그리고 그 밖에 도움을 준 사람들의 리스트는 계속 이어집니다(그러니 반드시 이 책의 감사의 글 페이지를 꼭 읽어주시기 바랍니다).

타인의 도움에 의지해야 하는 일들은 우리의 삶 대부분에 걸쳐 발생합니다. 우리 혼자서, '단독'으로 해낼 수 있는 일들이란 아무것도 없다는 것을 나는 확신합니다.

호프 인터내셔널에서 우리가 지금까지 성취해온 모든 훌륭한 프로젝트들은 따지고 보면 제시 캐슬러Jesse Casler 없이는 불가능했을 것입니다. 내가 공식적으로 이 기관에서 일을 시작하기도 전에 이미 나는 제시에게 함께 일해줄 것을 의뢰했습니다. 그리고 그는 금세 진정한 친구이자 매우 귀중한 조언자가 되었습니다. 보스턴 은행 출신인 제시는 주말에도 사업계획서 읽는 것을 좋아하는 사람입니다. 제시는 감사의 글 페이지를 읽는 나의 취미를 정상적인 것으로 느껴지게 만든 최초의 사람입니다!

제시의 꼼꼼함이 없었다면 우리의 사역은 혼란을 겪고 말았을 것입니다.

객관적인 시각을 갖는다면, 우리가 남들에게 얼마나 많이 의지하는지를 잘 파악할 수 있습니다. 하지만 우리는 왜 대부분의 경우 너무 쉽게 타인의 노력을 아무렇지도 않은 듯 내 것인 양 취하는 것일까요? 우리는 왜 이야기 속에서 영웅이 되기를 열망하는 것일까요? 특별히 선한 사역을 할 때, 왜 더욱더 그러는 경향이 있을까요? 그리고 하나님께서 하신 일을 마치 우리가 한 것인 양 행세할 때, 그분께서는 과연 어떻게 느끼실까요?

내가 한 것 좀 보세요!

나의 아이들은 낚시를 매우 좋아합니다. 어느 한가한 일요일 오후, 우리는 낚시찌와 지렁이와 마구 뒤엉킨 낚싯줄을 챙겨 근처의 강가로 향했습니다.

아들 녀석인 키이스는 낚시를 잠시 멈추고 대신 자기가 갖고 있던 그물로 올챙이를 잡겠다고 했습니다. 나는 그 사이에 아들의 낚싯대를 던졌고 몇 분 뒤에 물고기 한 마리가 찌를 물었습니다. 나는 천천히 낚싯줄을 감아 당겼습니다.

"키이스, 이리로 와 봐!" 나는 소리쳤습니다. 아들은 자기 그물을 내동댕이친 채 달려왔습니다.

마지막 감음질을 몇 번 한 후, 키이스는 작은 민물 고기 하나를 들어올렸습니다. 큰 물고기는 아니었지만 아들은 흥분했습니다.

키이스는 자랑스럽게 물고기를 높이 치켜들고 형과 누나들을 향해서 소리쳤습니다. "내가 잡은 물고기 봐라!" 낚싯대를 던지지도 않았고, 그곳에 앉아서 기다리지도 않았고, 갈고리를 걸지도 않았고, 단지 마지막 순간에 달려온 것이 전부였지만 아들 녀석은 자기가 물고기를 직접 잡았다고 믿고 있었습니다.

자식의 일인지라 이쯤은 귀엽게 봐줄 수도 있는 일이겠죠. 하지만 우리가 하나님께 이런 일을 저지른다면 그건 하나님을 향한 모욕일 수 있습니다.

하나님 보세요, 내가 십일조 하는 것 좀 보세요.
하나님 보세요, 내가 매주 수프 키친에서 봉사하는 것 좀 보세요.
하나님 보세요, 내가 작곡한 노래를 사람들이 부르는 것 좀 보세요.
하나님 보세요, 내가 설교한 것 좀 들어보세요.
하나님 보세요, 내가 얼마나 잘났는지 보세요.

하나님께서는 과연 인자한 아버지처럼 웃으시면서 "녀석아, 너는 마지막 순간에 그저 낚싯줄 몇 번 감은 게 다잖아"라고 말씀하실지 아니면 어찌 반응하실지 궁금합니다.

이솝 우화에도 비슷한 이야기가 있습니다. 벼룩 한 마리가 수레 맨 뒤에 가까스로 올라탔는데 뒤를 돌아보면서 내뱉은 말이 "우와, 내가 일으킨 먼지 바람 좀 보게!"였다고 합니다. *2

순전히 하나님 덕분에 일어난 일임에도 불구하고 우리는 그것을 당연하게 여기기 쉽습니다. 하나님이 우리를 위해 하신 일들을 당연하게 여기고 그것도 모자라 우리가 행한 선한 일들을 통해서 세상의 스포트라이트를 받고 싶어 하는 것이 습관처럼 굳어져버렸습니다.

중세 시대의 토마스 아퀴나스는 선한 일을 하는 사람들이 자만하게 되는 경향이 있다는 사실을 일찌감치 간파했습니다. 이는 일곱 가지 죄악 중의 하나입니다. 칭찬을 향한 집착과 맹목적인 갈망으로부터 비롯된 뽐내고 싶어 하는 마음은 우리가 가진 자부심에서 파생된 것입니다. 선한 일을 하는 사람들 중에서도 특히 사람들에게 잘 보이고 싶어 하는 사람들은 후에 칭찬 중독에 빠질 가능성이 높습니다. 사역에 삶을 바치는 사람들은 종종 자신이 하는 선한 행위로 존경받을 자격이 있다고 스스로 착각에 빠지곤 합니다. [*3]

하지만 남들이 잘 알아주지 않는다 한들, 크게 손해 볼 것이 무엇인가요?

치명적 실수

사도행전 12장은 아마도 여러분들이 주일학교에서 배웠거나 또는 냉장고에 붙여놓는 색칠 공부용으로 다루어지는 주제가 아닐 것입니다. 또한 아이들이 잠들기 전 침대에서 이 이야기를 들려줄 부모는 거의 없을 것입니다.

만약 동화 버전으로 읽어준다면 이 이야기는 아마도 다음과 같이 들릴 것입니다.

옛날 옛날에 어떤 왕이 살았어요. 왕의 이름은 헤롯이었답니다. 이 헤롯 왕은 왕국에 살고 있는 사람들 앞에 서서 연설을 했습니다. 사람들은 이 연설이 너무 훌륭하다고 생각했고 모두들 박수를 치며 헤롯 왕을 칭찬했습니다.

왕이 연설을 너무 잘했기에 사람들은 그가 신일지도 모른다고 말했습니다. 이런 칭찬을 듣고 기분이 좋아진 헤롯은 모든 일을 하나님께서 하셨음에도 불구하고 이 사실을 사람들에게 이야기하지 않았습니다. 하나님은 화가 나셨습니다. 성경에는 다음과 같이 기록되었습니다. '헤롯이 영광을 하나님께로 돌리지 아니하므로 주의 사자가 곧 치니 벌레에게 먹혀 죽으니라.'_사도행전 12:23

아이들이 편히 잠자리에 들기에는 다소 무리가 있는 이야기처럼 들립니다. 이 장면은 마치 괴기 영화의 한 장면 같습니다. 단지 하나님의 영광을 사람들에게 말하지 않았다는 이유로 산 채로 벌레에게 먹힌 것이니까요.

헤롯은 사람들에게 자신을 찬양해달라고 먼저 요구한 적이 없습니다. 그저 사람들이 칭송할 때 가만히 있었던 것뿐입니다. 이는 아주 사소한 실수로 보입니다. 하지만 결코 사소한 일이 아니었습니다.

헤롯은 하나님께서 영광을 받아야 할 그 자리에 서 있었던 것입니다. 헤롯은 자신이 주권을 쥐고자 했던 것입니다.

예수 앞에서 벌거벗기

헤롯 왕의 이야기 뒤로 몇 장을 넘겨보면 사도행전 14장에서 비슷한 이야기지만 아주 다른 결과로 이어지는 또 다른 이야기와 마주할 수 있습니다. 바울과 바나바는 루스드라라는 곳에서 한 절름발이 남자와 마주쳤습니다. 바울은 그에게 일어나서 걸으라고 말했습니다. 그리고 그 절름발이는 바로 걷게 되었습니다. 믿기 어려운 광경을 본 사람들은 이 일행을 경배하기 시작했습니다. 그들이 마치 그리스 신화의 제우스와 헤르메스인 양 찬양하고, 바울과 바나바 앞으로 동물과 화환을 들고 와서 제물로 바쳤습니다.

바울과 바나바의 반응은 어땠을까요?

이들은 자신들의 옷을 찢고 슬퍼하며, 매우 단호한 태도로 이 모든 영광과 관심을 주께로 돌립니다. 이들은 이 기적은 주님 덕분이라고 말했습니다. 자신들이 아닌 바로 주님께서 이 절름발이를 치료한 것이라고 말했습니다. _사도행전 14:8-17

바울과 바나바는 헤롯과 비슷한 상황을 겪었던 것입니다. 이렇게 정반대되는 이야기는 칭찬을 향한 두 가지 극단적인 태도를 잘 보여주고 있습니다. 하나님의 일을 마치 자신이 한 일인 양 가로채는 것이 하나이고, 자신이 행한 모든 선한 일들은 모두 주께서 하신 것임을 사람들이 깨달을 때까지 옷을 찢어가며 소리쳐 전하는 것이 두 번째입니다.

나를 비우기

"케냐에 처음 도착했을 때 저는, 미국에서 누리던 편안한 직장을 박차고 나온 데 대한 사람들의 격려와 칭찬이 필요했습니다."

코트니 라운트리 밀스Courtney Rountree Mills가 이 세상을 구원하겠다는 열정으로 똘똘 뭉친 젊은 직원들과 자원봉사자들에게 했던 말입니다.

"하지만 당신이 머지않아서 배우게 될 것은 바로 누군가를 '구원'하는 것은 당신이 할 일이 아니라 바로 하나님께서 하실 일이라는 것입니다."

시나피스Sinapis라는 비영리 단체의 공동창립자인 코트니는 혁신적이고 빠르게 확장 가능한 케냐의 벤처기업들을 대상으로 기독교 가치 중심의 비즈니스 트레이닝 및 자본 투자를 제공하고 있습니다. "먼저 당신 스스로를 비우고, 이 일을 통해서 남들에게 칭찬받을 기대를 내려놓고, 하나님을 섬기는 그 목적 하나만으로 사람들을 섬긴다면, 당신의 삶은 바뀌게 될 것입니다." 코트니는 말했습니다.

칭찬받는 일에 초점이 맞춰져 있는 현대의 문화 속에서 진정한 변화를 만들어내기를 원한다면 먼저 우리 자신을 비워야 할 필요가 있다는 것을 깨닫는 일이 매우 중요합니다.

우리는 정말 칭찬에 굶주린 슈퍼히어로 콤플렉스 덩어리일 수밖에 없는 걸까요?

무대의 정중앙

슈퍼히어로 콤플렉스를 극복하는 가장 빠른 방법은 바로 리처드 포스터Richard Foster가 말한 '작은 일 하는 사역'을 실천하는 것입니다. *4 무대의 정중앙에 서는 것은 잊어버리십시오. 스포트라이트를 탐내지도 마십시오. 화려한 카메라 셔터에서 멀리 떨어진, 아주 작고 잘 드러나지 않는, 제대로 보상도 받지 못하는 일들을 하는 것입니다.

작가 프랑소와 페넬론François Fénelon은 다음과 같이 말했습니다.

당신이 훌륭한 일을 할 때, 그 일 자체에 보상이 있습니다. 짜릿한 기쁨, 타인으로부터 받는 존경, '훌륭한' 일을 한다는 데서 느끼는 자부심 등이 있습니다.

하지만 누군가 알아주지 않아도 작은 일들을 지속적으로 하는 것은 훨씬 더 중요합니다. 이러한 작은 행위들은 당신의 자만심, 당신의 게으름, 당신의 자기 중심적 사고, 당신의 과민한 기질을 고쳐줍니다.

하나님께 큰 희생을 드리는 것이 아무리 힘들다 할지라도 훨씬 더 귀한 일처럼 보입니다. 그렇게 하면 삶의 작은 결정들을 마음대로 할 수 있다고 생각하니까요. 작은 일들을 통해서 보여지는 신실함은 하나님을 향한 당신의 진실한 사랑을 더욱 잘 드러냅니다. 이는 열정으로 가득 찬 돌진은 아닐지라도 천천히, 그러나 꾸준히 내딛는 발걸음입니다. *5

위대한 사역은 그 자체로 큰 보상을 받지만, 작은 일을 하는 사역은 우리를 믿음 충만한 삶으로 이끕니다. 이러한 작은 일들을 트위팅할 필요도 없고 페이스북에 올릴 필요도 없지만, 아버지께 복종하는 우리의 작은 행위들이 그분의 왕국에서는 매우 큰 일로 여겨집니다.

로렐의 할머니 머피는 '작은 사역'의 여왕입니다. 그분은 일생 동안 도움을 필요로 하는 사람들을 응원하는 수백 통의 편지를 썼습니다. 문구용품을 이용해서 손수 그림을 그린 머피의 카드는 사려 깊은 행위였을 뿐만 아니라 사랑을 표현하는 그녀만의 방법이었던 것입니다.

약 10년 전, 우리 친구 중의 한 명인 지니의 어머니가 돌아가셨을 적에 머피는 지니에게 편지를 보냈습니다. 머피는 지니를 잘 알지 못했지만 그녀가 겪고 있던 슬픔만큼은 잘 이해할 수 있었습니다. 머피는 두 번째 딸을 출산하고 난 후 결혼 생활 초기에 남편을 잃었습니다. 누군가를 잃는 상실감이 어떤 것인지 잘 알고 있던 그녀였기에 머피는 지니를 격려할 수 있었습니다.

머피가 세상을 떠난 후 몇 주 뒤에 로렐과 나는 그 편지를 발견했습니다. 자신이 슬픔을 이겨내는 동안 편지를 소중히 보관하고 있던 지니가 그것을 다시 로렐에게 부쳐주었던 것이지요. 머피가 쓴 위로의 글을 읽노라니, 마치 상실감에 빠진 지니를 붙들어주려는 듯, 할머니가 직접 말을 건네는 것처럼 들렸습니다. 이 편지는 다른 어떤 것보다도 로렐이 하나뿐인 소중한 할머니를 깊이 애도할 수 있도록 큰 도움이 되었습니다. 이렇듯 화려한 팡파르 없는 아주 작은 일들이 가장 큰 의미를 줄 수도 있습니다.

사랑에 굶주림

"당신이 사랑받는 사실을 모른다면, 모든 이야기 속에서 당신이 꼭 스타가 되어야 한다고 생각하게 됩니다.” 뉴욕에 위치한 트리티니 그레이스 교회의 담임 목사 존 타이슨Jon Tyson 목사가 말했습니다. *6

왜 우리는 칭찬에 목말라 있을까요? 궁극적으로는 깊은 내면에 스스로 부족하다는 생각을 갖고 있기 때문입니다. 그래서 우리는 싸구려 꽃가루를 뿌려대며 진실된 모습을 감추려고 합니다.

우리가 사랑받고 있다는 사실을 깨닫지 못한다면, 스스로를 바라보는 시선을 거두고 우리의 창조주로 향하지 않는 한, 그리고 그리스도 안에서 완벽하고 온전한 존재라는 사실을 깨닫지 않는 한, 우리는 계속해서 남에게 인정받고 싶어 할 것입니다.

크게 성공한 음악가들은 보통 겸손할 줄을 모르지만, 라이언 오닐Ryan O'Neal만큼은 예외입니다. 그의 밴드 ‘슬리핑 앳 라스트 Sleeping at Last’는 엄청난 성공을 거두고 큰 찬사를 받았습니다. 천부적인 작곡가이자 가수인 라이언의 음악은 블록버스터 영화인 〈트와일라이트 : 브레이킹 던- 파트1〉과 같은 영화에 삽입되었고, 〈So You Think You Can Dance〉와 같은 쇼에도 삽입되었습니다. 하지만 내가 라이언을 높이 사는 이유는 단순히 그의 성공과 능력 때문이 아니라, 바로 칭찬을 받아들이는 그의 태도 때문입니다. 콘서트가 끝나고 난 뒤, 그의 훌륭함을 칭송하고 그의 음악이 삶에 얼마나 큰 영향을 미쳤는지 외쳐대는 광적인 팬들과 잠시 이야기 나누는 그를 본 적이 있습니다. 라이언은 그 모든 칭찬에 한치의 오만함도 없이 진심으로 감사의 마음을 표현했습니다. 그가 대중의 관심에만 의존해 사는 사람이 아니라는 것, 또한 스포트라이트를 받고 흡족해하거나 사람들의 찬사로 득의양양한 그런 사람이 아니라는 것이 분명해 보였습니다. 그는 팬들에게 "그렇게 말씀해주시다니 감사합니다"라고 진실된 태도로 화답하곤 했습니다. 팬들의 친절함에 감사함을 느낄 줄 알지만, 그렇다고 대중의 찬사와 관심에 목매지는 않았습니다. 그는 자신이 그분의 위대한 이야기 속에 속한 아주 작은 부분이라는 것을 알고 있습니다.

성경에 나오는 위대한 이야기들을 곰곰이 묵상할 때, 스스로를 크게 부풀려서 바라보는 잘못된 시각에서 탈피할 수 있습니다. 하나님의 영광에 초점을 맞추게 될 때, 그분의 위대한 스토리를 들여다볼 수 있습니다. 이는 우리를 향한 온전하신 그분의 구원과 가장 크신 하나님의 소망과 같은 위대한 스토리입니다.

한 작사가가 오래전에 지은 노래가 있습니다.

주의 손가락으로 만드신 주의 하늘과
주께서 베풀어 두신 달과 별들을 내가 보오니
사람이 무엇이기에 주께서 그를 생각하시며
인자가 무엇이기에 주께서 그를 돌보시나이까 _시편 8:3-4

자신으로 향해 있는 시선을 거두게 되면, 우리는 슈퍼히어로가 아니라 상상할 수 있는 것 이상으로 아주 크고 위대한 스토리의 일부라는 사실을 깨닫게 됩니다.

여러분과 나는 애써 봐야 조잡스러운 슈퍼히어로를 만들어낼 것이고 스스로 구원자가 되는 데는 더욱 조잡한 역할밖에 못할 것입니다. 그리고 솔직히 말해서, 여러분과 나에게는 몸에 짝 달라붙는 슈퍼히어로들이 입는 스판덱스 유니폼이 그다지 잘 어울리지도 않을 것입니다.

거장

시대를 통틀어서 가장 훌륭한 작곡가 중의 하나로 꼽히는 요한 세바스티안 바흐는 매우 신실한 기독교 신자였습니다. '모든 재능은 주님으로부터 그리고 주님을 위해서!' 이것은 그의 인생의 모토였습니다. 그는 만드는 한 곡 한 곡이 이러한 모토를 잘 반영하길 바랐습니다.

매 곡의 시작 부분마다 바흐는 *Jesu Juva*, 즉 예수님이 나를 도우신다고 적었습니다. *7 모든 악보의 마지막에는 자필로 *Soli Deo Gloria*(하나님 한 분께 영광을), 줄여서 S.D.G.라고 서명했습니다. *8

이러한 간단한 표기를 함으로써, 그는 자신의 재능, 혁신, 근면함이 자기 것이 아님을 선언한 것입니다. 바흐는 자신의 모든 것이 온전히 하나님의 영에 의존한다는 것을 깨달았던 사람입니다 (*Jesu Juva*). 그리고 그가 창조한 모든 것들이 하나님의 영광을 드러내기 위함임을 알고 있었습니다 (*Soli Deo Gloria*).

예수님, 우리에게 일어난 모든 좋고 선한 일들이 모두 당신의 영광을 위한 것임을 기억하게 하옵소서.

논의할 질문

1. 유명해지고 싶은 욕망이 영적인 생활에서는 어떤 식으로 드러나게 되나요?

2. 누군가 당신의 공로를 가로챈 적이 있습니까? 그때 기분은 어떠했나요?

3. 우리가 일하고 나누고 섬기는 중에 하나님께 영광을 돌릴 수 있는 실질적인 방법으로 어떤 것들이 있을까요?

4. 우리는 종종 '작은 사역'을 통해 칭찬을 갈망하는 잘못된 습관을 깨우치게 됩니다. 누군가가 당신에게 또는 다른 친구에게 실천했던, 작지만 의미 있는 사역을 경험한 적이 있습니까? 어떤 방식을 통해서였나요?

5. 이번 한 주간 당신이 실천할 수 있는, 상대방이 눈치채기 힘들 정도로 드러나지 않는 작은 친절한 행동들에는 어떤 것들이 있을지 생각해보시기 바랍니다.

Sleeping at Last의 라이언 오닐의 비디오를 감상하고 싶은 분들은
www.peterkgreer.com/danger/chapter9을 방문해보시기 바랍니다.

남들이 잘 알아주지 않는다 한들 어떻습니까?

무대의 정중앙에 서는 것은 잊어버리십시오.
스포트라이트를 탐내지도 마십시오.
화려한 카메라 셔터에서 멀리 떨어진
아주 작고 잘 드러나지 않는
제대로 보상도 받지 못하는 일들을 하는 것입니다.

작은 일들을 통해서 보여지는 신실함은
하나님을 향한 당신의 진실한 사랑을 더욱 잘 드러냅니다.
이는 열정으로 가득 찬 돌진은 아닐지라도 천천히
그러나 꾸준히 내딛는 발걸음입니다.

파네라의
선지자

불편한 진실에 귀를 닫았을 때의
영적인 위험

10

Panera Prophet

나에게 이르시기를 내 은혜가 네게 족하도다 이는 내 능력이 약한 데서
온전하여짐이라 하신지라 그러므로 도리어 크게 기뻐함으로
나의 여러 약한 것들에 대하여 자랑하리니
이는 그리스도의 능력이 내게 머물게 하려 함이라
······ 이는 내가 약한 그때에 강함이라

• 바울 (고린도후서 12:9-10)

사무실에서 1킬로미터 정도 떨어진 곳에 파네라 빵집이 있습니다. 매우 쾌적한 분위기를 지닌 그곳은 정기적으로 모임을 갖기에 적합한 장소입니다.

파네라 빵집에는 파네라만의 분위기가 있습니다. 입구에 들어서면 갓 구운 신선한 빵 냄새를 바로 맡을 수 있습니다. 황금빛을 띠는 노릇하게 구워진 빵의 빛깔과 은은한 실내 조명은 손에 쥐고 있는 커피 머그잔만큼이나 기분을 따뜻하게 만들어줍니다. 즐거운 대화와 커피를 나누기를 기대했던 나는 그곳에서 선지자를 만나리라고는 전혀 예상도 못했습니다.

파네라에 걸어 들어간 나는 친구와 마주 앉아 가벼운 대화를 나누려고 했습니다. 하지만 특별히 그날은, 가벼운 대화를 건너뛰게 되었습니다.

그렉은 나를 정면으로 뚫어지게 바라보며 내가 어떻게 지내고 있는지를 물었습니다. 나는 그에게 조근조근 이야기를 털어놓았습니다. 우리 가족 생활이 이전과 어떻게 달라졌는지, 내가 얼마나 집에서 존재감이 없어졌는지, 그 밖에 내가 스트레스를 겪고 있는 일들이 무엇인지에 대해서 털어놓았습니다.

그는 골똘히 듣고 있었습니다. 그 다음 몇 가지 질문을 했지요. 그러고는 평소와 다른 행동을 보였습니다. 그는 나의 태도와 행동을 지적했습니다.

좋은 친구는 잘 이해해주는 친구입니다. 좋은 친구는 내 편에 서주는 친구이기도 합니다. 하지만 좋은 친구는 때때로 도전을 던지기도 합니다. 그날 그렉은 내가 그에게서 동정심을 바라기보다는 엉덩이를 걷어차주기를 바라고 있다는 것을 눈치챘습니다.

그렉은 잠언에서 말하는 유형의 친구입니다. '친구의 아픈 책망은 충직으로 말미암는 것이나 원수의 잦은 입맞춤은 거짓에서 난 것이니라.'_잠언 27:6 그렉은 아물고 있는 상처 위에 다시 한 번 일침을 가해줄 수 있는 나의 충직한 친구입니다. 그는 내가 들어야 하는 말들을 들려주었습니다. 소위 선한 사역을 한다는 사람들에게는 주변에 그들의 선행에 완전히 무덤덤한 친구들이 절대적으로 필요합니다. 나는 그렉이 나의 건강하지 못한 생각과 행동을 지적해주기를 바랐습니다.

어떠한 과장이나 드라마적 요소 없이, 그렉은 나의 태도와 행동이 어떻게 내 가족과 신앙에 영향을 미쳤는지를 잘 설명해주었습니다.

겉으로는 현대를 살아가는 일반적인 성인 남자처럼 보일지 몰라도, 그랙은 과거 성경 시대에 망토를 두르고 선지자적 시각으로 사람들을 향해 비평을 아끼지 않던 지도자들의 자취를 밟아가는 사람이었습니다. 그들은 쟁기를 태우고, 자신의 옷을 찢고, 동물의 배설물을 태워 그 위에 음식을 만들고, 자신의 메시지를 널리 알리려고 천국에서 불을 내려주기를 소리쳐 외쳤던 사람들입니다. 그들은 하나님의 말씀을 전달하는 것을 주저하지 않았습니다. 그들은 하나님의 사람들이 그들의 첫사랑을 떠났을 적에 아주 직설적으로 비난을 날렸습니다.

그와 같은 선지자들이 우리 시대에 살고 있지 않지만 우리는, 특히 선한 사역을 한다는 사람들은, 삶을 살아가면서 선지자의 비평을 들어야 할 필요가 있습니다. 우리의 혼란스러운 삶에 간섭해줄 친구들을 있다는 데에서 만족하면 안 됩니다. 우리에게 도전의 일침을 가할 만큼 나를 사랑해주는 사람들의 목소리를 놓치지 않고 듣기 위해서 우리는 주의를 집중해야 합니다.

나를 향한 선지자적 비평이 필요했던 나는, 마침내 파네라에서 그 음성을 들었습니다.

선지자와의 조우

선지자, 비평가, 또는 친구에게서 지적을 받게 되면 두 가지 선택 중에 하나를 취하게 되는데, 무시하거나 자기 행동의 심각성을 깨닫거나, 둘 중 하나입니다. 변명을 늘어놓으며 문제의 심각성을 최소화하거나 아니면 애정 어린 그들의 비평을 일종의 선물로 혹은 행동을 바꿀 수 있는 기회로 여기는 것입니다.

이스라엘의 역사를 보면, 이스라엘의 초대 왕 두 명 곁에 있던 선지자들이 어떻게 활약했는지를 알 수 있습니다.

사울과 다윗 왕은 모두 인물이 훤칠했던 사람들이었습니다.

성경에는 '그의 이름은 사울이요 준수한 소년이라 이스라엘 자손 중에 그보다 더 준수한 자가 없고 키는 모든 백성보다 어깨 위만큼 더 컸더라' _사무엘상 9:2 라고 사울을 묘사합니다. 다윗 역시, '그의 빛이 붉고 눈이 빼어나고 얼굴이 아름답더라' _사무엘상 16:12 라고 묘사되어 있습니다.

이 둘은 모두 기술이 뛰어난 전사들이었습니다. 하나님께서는 사울이 지닌 전사로서의 기량을 블레셋의 거점을 무너뜨리는 데 사용하셨습니다. 또한 다윗 역시 이스라엘의 적들을 차례로 쓰러뜨렸던 총명한 군사 전략가였습니다. *1

이 둘은 모두 겸손했습니다(처음에는요). 사울은 위대하신 하나님의 임무를 수행하기에는 자신이 매우 하찮은 존재라고 생각했기 때문에 제비뽑기를 통해 리더로 선발되었을 적에 그 자리에서 숨어버리고 말았습니다. 다윗의 아버지는 사무엘에게 다윗을 소개시켜주려고도 하지 않았습니다. 자식들 중 가장 나약하고 작았던 다윗은 양을 치러 밖에 나가 있느라 하마터면 왕으로 임명되지 못할 뻔했습니다.

하지만 비평을 대하는 이들의 태도는 현저히 달랐습니다. 하나님께서 사울을 향해 적의 군대를 완전히 소멸시키라고 명령하셨을 때, 사울은 자신이 어쩔 수 없이 명령을 어길 수밖에 없었다고 변명을 늘어놓았습니다.

다윗이 죄를 고백할 때의 모습은 사울과는 현저히 다릅니다. 그는 "내가 여호와께 죄를 범하였노라"_사무엘하 12:13 라고 고백했습니다.

이 둘은 모두 하나님과의 관계에서 실수를 저질렀습니다. 둘은 모두 비극적인 결과를 가져오는 중대한 죄를 저질렀습니다. 하지만 오직 다윗만이 비판에 귀를 기울였습니다. 사울은 그렇지 않았습니다. 다윗의 마음은 회개할 준비가 되어 있었습니다. 사울은 오직 자신의 지위를 되찾기 위해 변명만 늘어놓을 뿐이었습니다.

어떤 작사가

고대에 다윗은 말 그대로 인기 절정의 가수였습니다. 시편 51편은 다윗이 선지자와 조우한 뒤에 작곡한 노래입니다. 제가 들어 본 노래 중에서 가장 깊이 상처 입은 사람이 작사한, 그러나 가장 정직하게 쓴 노랫말입니다.

> 주께서는 제사를 기뻐하지 아니하시나니 그렇지 아니하면 내가 드렸을 것이라 주는 번제를 기뻐하지 아니하시나이다. 하나님께서 구하시는 제사는 상한 심령이라 하나님이여 상하고 통회하는 마음을 주께서 멸시하지 아니하시리이다. _시편 51:16-17

다윗은 겉으로 보이는 것들이 중요한 것이 아님을 알고 있었습니다. 하나님께서 원하시는 것은 제사도 아니고 향이나 번제도 아니었으며 종교적인 의식도 아니었습니다. 하나님께서는 뇌물이나 변명을 원하지 않으십니다. 선지자의 비평을 들음으로써 다윗은 스스로 겸손해졌고, 마음을 정결히 했습니다.

다윗은 선지자와 마주했을 때 둘 중 하나를 선택해야 한다는 것을 깨달았습니다. 동일한 방향으로 미련하게 계속 걸어가 더 큰 고통을 맛보든지 아니면 새로운 길을 개척하는 것. 두 가지의 선택이 있었습니다.

다윗은 자신이 달려온 바퀴 자국을 다시 새롭게 바꿔야 할 필요성을 느꼈습니다. 그는 회개하길 원했습니다. 전통적으로 회개라는 단어는 교회에서 부정적인 의미로 사용되어 왔습니다. 사람들은 대개 회개를 후회, 속죄, 또는 죄의식을 갖는다는 의미와 결부시켜서 생각합니다. 하지만 모든 회개가 의미하는 것은 '**방향을 틀다**' 입니다. 아주 순수하고 단순한 개념입니다. 새로운 방향으로 옮겨가는 것을 말합니다.

다윗은 누구보다도 회개의 의미를 잘 이해하고 있었습니다.

두 번째 기회를 갖게 된 사람들

저스틴과 트리샤는 자신들의 소명을 깨달았습니다. 모든 것을 뒤로한 채, 이 젊은 커플은 2002년에 인디애나폴리스로 이사했고 그곳에서 교회를 접해본 적이 없는 사람들을 대상으로 교회를 개척했습니다. 첫 예배에는 12명의 사람들이 참석했습니다. 하지만 그 이후로 순조로운 출발을 보였습니다.

"겁이 날 정도로 모든 게 순조로웠습니다." 저스틴은 말했습니다.

불과 1년 만에 교회에는 7백 명의 성도들이 모였습니다. 트리샤와 저스틴은 늘어난 수요를 충족시키려고 애를 썼습니다. 대형 교회들이 이 개척 교회에 투자하기 시작했습니다. 이 지역에서 효과적인 사역의 성과를 보았기 때문입니다. 3년이 채 되지 않아, 저스틴은 어린이 성경 학교의 책임자와 바람이 났습니다. 그녀는 트리샤의 절친이기도 했습니다. [*2]

하지만 저스틴에게는 이 타락의 길에서 빠져나올 수 있는 기회가 있었습니다. [*3]

어느 일요일 오후, 바람을 피운 지 여러 주가 흐르고 난 뒤, 저스틴은 교회의 이사회 임원으로부터 전화 한 통을 받았습니다. "우리 드라이브하러 갈까요?"

시냇가를 따라 달리던 그들은 중간에 주차를 하고 밖으로 나와 잔디밭 위에 앉았습니다. 그 임원은 자신의 결혼 생활의 어려움을 쏟아내기 시작했습니다.

문득 저스틴에게 하나님의 영이 임했습니다. '저스틴, 이 사람에게 네가 겪고 있는 어려움을 토로하거라. 네가 지닌 욕정을 이 사람에게 모두 다 털어놓거라. 네가 포르노 영화에 빠져 있다는 사실을 솔직히 고백하거라. 이 사람에게 토로하는 것은 안전하단다……. 그러면 너는 자유로워질 수 있을 것이야.' [*4]

그의 선지자는 그렇게 말했습니다. 하나님께서는 저스틴에게 탈출의 기회를 제공하셨지만, 그는 그 제안을 받아들이지 않았습니다. 이야기를 털어놓을까 망설이던 찰나에 또 다른 목소리가 머리 속에서 맴돌기 시작했습니다. '이 사람은 교회에서 가장 영

향력이 큰 사람이야. 네가 이야기를 털어놓는 순간 모든 게 이 자리에서 끝나버릴 수 있어.'

물론 그가 털어놓게 되면 그는 친구를 잃고, 또한 해고를 당할 수도 있었습니다.

"성령이 마지막으로 간절히 말하고 있다는 느낌을 받았습니다. '너는 지금 매우 위험한 지경에 와 있는 거야'라고 말하는 듯했지요." 저스틴은 말했습니다.

6주가 지난 뒤 저스틴은 트리샤에게 이혼을 요구했습니다. 저스틴은 그녀의 절친과 불륜을 저질렀음을 고백했습니다.

새로운 방향

불륜 이후 결혼, 가정, 교회가 모두 파괴되어버리는 한바탕의 소용돌이가 지나간 후, 저스틴과 트리샤는 화해를 시도했습니다. 이들은 몇 달에 걸쳐서 집중적으로 카운셀링을 받았습니다. 저스틴을 용서하는 것이 지금까지 겪어온 어떤 일보다도 가장 고통스러운 일이었다고, 트리샤는 고백했습니다.

저스틴은 하나님께서 자신을 다시 한 번 사용해주실지 불확실한 상태에서, 트리샤보다 더욱더 힘든 시간을 보내야 했습니다. "앞으로의 미래가 어떠할지, 전혀 짐작할 수도 없었습니다. 하지만 한 가지 확실하게 들었던 생각은, 하나님께서 나와 완전히 인연을 끊으셨다는 생각이었습니다."

하지만 이야기는 이렇게 끝나지 않습니다.

저스틴의 친구는 그를 앉혀놓고 이렇게 말했습니다. "하나님께서 아직 너를 버리시지 않으셨어."

저스틴과 트리샤는 그 당시에도 결혼 생활을 위해 고통스러운 싸움을 헤쳐나가고 있었습니다. 자신들의 이야기를 다른 사람들과 나누라고 명령하시는 하나님의 음성을 느낀 이들은 4년 뒤 '우리를 정결케 하소서 *RefineUs*' 사역을 시작하게 됩니다. 이들은 이 사역을 통해 다른 부부들이 하나님이 중심인 결혼 생활을 해나갈 수 있도록 돕는 일을 시작하게 됩니다. 이전의 저스틴에게 실수란, 자기 재능을 하나님을 위해서 사용할 수 없는 것을 의미했습니다. 하지만 오늘날 저스틴은 실수를 다른 시각으로 봅니다.

"내가 더 많이 깨지게 될수록, 내가 주어진 소명을 따라 살 수 있도록 그분께서 더 많은 기회를 주시는 것을 경험했습니다." 저스틴은 말합니다. "사람들이 하나님으로부터 깨어짐을 간구하기보다 은사를 더욱 간구하는 것을 볼 때 나는 경각심을 느낍니다." *5

잘못된 바퀴 자국을 따라 내달리고 있었지만, 저스틴은 회개하고, 다시 시작하고, 다른 방향으로 진입하는 데 있어서 '이미 늦은 때'란 결코 없다는 것을 깨달았습니다.

다윗은 자신의 회개의 노래를 통해서 다음과 같이 말했습니다.

"보소서 주께서는 중심이 진실함을 원하시오니 내게 지혜를 은밀히 가르치시리이다."_시편 51:6

새로운 방향. 새로운 삶. 다시 태어남. 이것이 바로 진정한 회개입니다. 더 이상 동일한 바퀴 자국을 따라 질척거리며 걷는 것이 아닙니다.

듣는 귀

수치스러움과 민망함은 우리로 하여금 남에게 도움을 청하는 것을 망설이게 만듭니다. 우리는 약함을 인정하고 싶어 하지 않습니다. 선한 사역을 하는 데 몰입된 나머지 우리는 마치 모든 게 잘 굴러가는 것처럼 행세합니다. 하지만 살아가면서 우리는 자부심을 잠시 내려놓고, 우리를 향한 비평의 목소리를 간절히 듣고 싶어 합니다.

최근에 나는 직원 채용 및 해고 문제로 인해 여러 사람들에게서 비난을 들었습니다. 한 직원이 면담 시간을 잡은 후 찾아와 내 결정이 왜 잘못된 것이었는지에 대해 자세히 그 이유를 열거해 나갔습니다. 그가 이야기를 하는 중에 나의 자세는 경직되어 갔습니다. 나는 변론할 거리를 찾으려고 애쓰고 있었고, 그의 요점들을 반박하려고 준비하고 있었습니다.

내 마음속에서는 파괴적인 생각들이 줄기차게 지나갔습니다. '사실도 정확히 모르면서…… 당신은 내가 이사회에서 얼마나 무지막지한 압박을 받는지도 모르잖아…… 이런 큰 조직을 이끌어본 경험도 없는 인물이…… 아마도 혼자 무슨 꿍꿍이가 있어서 이럴 게야…….'

밀고 당기는 대화가 이어지는 가운데, 나는 그가 아마도 사실을 이야기하고 있는지도 모른다는 생각에 사로잡혔습니다. 반론에만 너무 신경 쓴 나머지 이 사람이 맞을 수도 있다는 가능성을 고려하는 것조차 잊고 있었던 것입니다.

우리를 향한 비판 중에 반드시 들어야 할 진실이 담겨 있을 수도 있음을 깨닫지 못하면 우리는 위험한 상황에 처해 있는 것입니다. 오직 긍정적인 피드백만 듣고 산다면 시간이 지날수록 좋은 말만 해주는 사람들에게 둘러싸인 채 우리를 비판하는 사람들을 멀리하기 쉽습니다.

나의 파네라 선지자인 그렉과의 경험을 돌이켜보면, 결정적인 순간에 그가 현명한 조언을 들려주었다는 것을 무척이나 감사하게 여깁니다. 그 당시 내가 간음이나 살인을 저질렀던 것은 아니지만 아주 바보 같은 생활을 하고 있었던 것은 맞습니다. 그렉은 내 죄를 내가 스스로 깨닫도록 도와줄 만큼 나를 사랑해주었습니다. 그리고 은혜의 메시지에 귀 기울이도록 나를 제자리로 돌려 놓았습니다.

그는 내가 회개할 필요가 있다는 것과 방향을 바꿔야 할 시점에 서 있다는 것을 간파했습니다.

당신이 마지막으로 친구나 선지자나 심지어 당신이 잘 모르는 사람에게서 도전받았던 적은 언제입니까?

이 질문에 대답할 수 없다면, 아마도 지금이야말로 파네라 선지자와 커피 한 잔 하며 함께 어울리기에 적합한 시간입니다. 그리고 새 삶을 가져다 주는, 우리를 향한 비판의 소리에 귀를 기울이십시오.

1. 당신은 비판에 어떻게 반응합니까?

2. 당신에게는 파네라 선지자가 있습니까? 만약 그렇다면 그와 당신의 관계에 대해서 묘사해보십시오.

3. 당신은 어떻게 그 선지자를 삶에 초대하게 되었나요? 현재 파네라 선지자가 없다면 당신을 진정으로 정직하게 대할 수 있는 누군가를 삶에 초대하는 방법으로 어떤 것들이 있을까요?

4. 당신에게 있어서 교회란 고민과 어려움을 공개적으로 토로하는 데 편안한 장소인가요? 아니면 그것들을 혼자 조용히 짊어지고 가야 한다고 느끼나요?

5. 어떻게 하면 교회가 하나님의 사람들이 스스로 파괴적인 길을 택하기 이전에 어려움을 서로 나눌 수 있는 안전한 장소로 거듭날 수 있을까요?

나의 파네라 선지자인 그렉 라펄티Greg Lafferty 목사가 전하는
'당신의 삶에서 진실을 말해주는 사람들 만들기'라는 영상을 보시고 싶다면
www.peterkgreer.com/danger/chapter10을 방문해보세요.

내가 나 자신이 아닐 때, 나는 누구란 말인가?

진정한 자아를 잃어버리게 될 때의
영적인 위험

11

Who Am I When I'm Not Me?

하나님은 나를 사랑하신다. 그걸로 충분하다.*1

• 제임스 메이슨James Mason

에드 돕슨Ed Dobson은 카리스마가 강한 사람입니다. 이분은 지난 18년간 미시간 주 그랜드 래피즈에 위치한 대형 교회의 목사였습니다. 에드는 무디 바이블 협회Moody Bible Institute가 선정한 '올해의 목사'에 이름을 올린 적도 있습니다. 에드에게 있어서 목사직은 단순히 직업이 아니었습니다. 그는 '목사인 것이 너무 행복한' 사람이었습니다.

그는 "사람들에게 희망을 전달하는 것이 나의 기쁨입니다"라고 말했습니다. 에드는 지속적으로 사람들과 함께 어울리며 그들을 지도해주고 상담해주었습니다. 그는 여러 이름 있는 비영리기관에서 이사진으로 활발히 활동하기도 했습니다.

하지만 루게릭 병으로 더 잘 알려진 근위축성측색경화증(ALS)이 발병함으로써 어쩔 수 없이 사역에서 발을 뗄 수밖에 없게 되면서 순식간에 모든 것이 변해버렸습니다.

사임한 바로 그 다음날부터 그의 전화기는 울리지 않았습니다. 전화기가 고장 난 건 아닌지 아내에게 자신의 번호로 전화를 걸어보라고 해서 확인을 해볼 정도였습니다.

자신을 둘러싼 인파도 더 이상 없었습니다. 더 이상의 상담 요청도 없었습니다. 마치 삶이 끼익— 소리를 내며 급정거하면서 멈춘 것 같았습니다. *2

에드의 경험은 아주 전형적인 것입니다. 대부분의 사람들에게 실직이나 은퇴란 재앙과 같은 일입니다.

삶을 송두리째 흔드는 이러한 변화는 우리가 마주하는 인생의 다른 경험들과는 달리 우리 자신의 정체성을 재조명하게 만듭니다.

캠페인이 끝난 후

대학원생이었을 때 나는 베테랑 국회의원이 신참 정치인들을 대상으로 조언을 들려주는 자리에 참석한 적이 있었습니다. 그때 그 의원이 말했던, 정신이 번쩍 들 만한 이야기가 기억납니다.

하버드 케네디 스쿨의 옥상에서 이루어진 오찬 자리에서 당시 하원의원이었던 프랭크 울프Frank Wolf는 양당의 새로 선출된 하원의원들을 대상으로 연설을 했습니다. 방 안은 흥분으로 가득 찼습니다. 큰 선거에서 승리를 거머쥔 의원들은 짜릿한 기쁨을 맛보고 있었습니다. 누군가로서는 인생 일대의 목표를 이룬 자리 였겠지요.

하지만 울프 의원은 깜짝 놀랄 만한 발언을 했습니다. "당신이 누구인지를 결코 잊지 마십시오. 전직 의원이라는 신분보다 더 빨리 추락의 길을 걷는 직업은 없습니다."

이렇게 김빠지는 이야기가 또 있을까요? 울프 의원은 아직 사무실에 제대로 자리 잡기도 전인 신참 의원들을 향해, 당신의 이름을 외쳐대며 환호하던 사람들이 우수수 떨어져 나갈 것이며 이들은 곧바로 다른 후보자들에게 관심을 두게 될 것이라는 사실을 다시금 상기시켜주었습니다.

국회에서 벌써 7번째 임기를 맡고 있는 울프 의원은 많은 동료들이 국회를 떠나는 것을 지켜보면서 대부분의 퇴임이 그다지 우아하지 않다는 것을 알았던 것입니다. 많은 동료들이 전직 타이틀에 미련을 못 버린 채 그 다음 행로로 이동하는 데 어려움을 겪었습니다. 그는 신참 국회의원들에게 그들이 지닌 현재의 정체성은 부질없는 것임을 상기시켜주려고 했습니다. 만일 자신이 누구였는지 기억하지 못한다면, 임기가 끝날 무렵, 혼란, 공허함, 그리고 추락과 함께 국회의원직을 떠나게 될 것이기 때문입니다.

나는 누구일까요?

3장에서 말했던 것처럼 로렐과의 결혼 생활을 위해 가드레일을 만들기 전이었습니다. 나는 도미니카 공화국에서 집으로 돌아오는 비행기 안에 있었습니다. 로렐에게서 이런 식으로는 더 이상 결혼 생활을 유지할 수 없다는 말을 들은 지 얼마 되지 않았을 때였습니다. 그동안 우리 결혼 생활에 얼마나 무심했는지를 깨닫게 된 후 나는 노력하는 척만 할 것이 아니라 정말로 전력을 다해 우리의 문제를 해결해야겠다는 생각이 들었습니다.

일 년 중 100일 이상 출장을 떠나는 일은 건강한 가정 생활과 충돌을 일으켰습니다. 가장 최근에 있었던 출장 길에 오르던 날, 나는 온통 번잡스러운 집안 분위기를 뒷전으로 한 채 떠나야 했습니다. 마일스, 릴리, 키이스까지 세 아이 모두 열이 났습니다. 집안의 변기마저 고장 나버렸습니다. 로렐이 예민해질 때로 예민해진 것도 어느 정도 이해가 갔습니다. 이대로는 안 되겠다는 생각이 들었습니다.

비행기의 기기 결함으로 인해 나는 플로리다의 저렴한 호텔에서 하룻밤을 묵어야 했습니다. 그날 저녁 나는 이력서를 다시 작성하기 시작했고 내가 아는 사람들의 명함을 다시 훑어보았습니다. 직장을 옮길 때가 되었다는 생각이 들었습니다.

내가 사랑한 직장을 떠난다는 것은 생각만 해도 마음이 아팠습니다. 단순히 가장으로서 임무를 못한다는 사실 때문에 슬펐던 것이 아닙니다. 내가 직장을 그만두어도 우리 아이들은 여전히 먹고 마실 수 있습니다. 사임을 하더라도, 우리는 여전히 우리 집에서 생활할 수 있습니다. 내가 느꼈던 슬픔은 단순히 사람들이 평소에 즐겨 하던 뭔가를 그만둘 때의 상실감 그 이상이었습니다. 그 순간 처음으로 깨달았습니다. 나의 정체성이 나의 직업과 매우 깊이 얽혀 있다는 사실을 말입니다.

당신이 하는 일을 통해서 기쁨을 얻는 것은 잘못된 것이 아닙니다. 일은 선물과도 같습니다. 하지만 당신의 정체성을 당신의 일을 통해서 찾는 것은, 예수 그리스도 안에서 당신의 가치를 발견하는 것보다 훨씬 수준 이하의 방법입니다.

크리스천 **지도자**라는 나의 정체성은 그분을 **따르는 자**라는 나의 소명보다 아래에 존재한다는 사실을 망각하고 있었습니다. 하나님을 위해 선한 일을 한답시고 바쁘게 지내다 보니, 그분 안에서 존재의 의미를 두는 것을 망각하고 있었던 것입니다. 열광적으로 일에 매달리다가 전능하신 하나님의 자녀라는 나의 정체성을 바로 세워야만 하는 가장 첫 번째 의무를 소홀히 한 것입니다.

출장을 마치고 돌아와 가족들과 재회했습니다. 떠나기 전과는 많이 달라져 있었습니다. 아이들은 더 이상 아프지 않았습니다. 날씨는 매우 화창하고 청량했습니다. 로렐과 함께 기도하는 가운데, 계속 이 기관에 남아서 일을 하기로 결정을 내렸습니다. 하지만 출장 일수를 줄여줄 것을 이사회에 요청하는 내용의 제안서를 작성했습니다. 하나님께서는 우리의 결단을 통해서 가정과 결혼 생활에 큰 축복을 부어주셨습니다.

나는 내가 하는 사역이 너무도 좋았습니다. 그래서 로렐과 나는 이 일에 당분간 매진하기로 계획했습니다.

하지만 내가 하는 일은 언제든 바뀔 수도 있다는 것을 압니다. 아마도 올해가 될 수도 있고, 아니면 먼 미래에 아마도 10년 뒤에 바뀔 수도 있겠죠. 직업이 아닌 다른 것으로 나 자신을 표현하는 방법을 모르면, 직업을 잃는 순간이 오면 바닥으로 추락하는 기분이 들고 말 것입니다. 뉴욕에 위치한 아메리카 인스티튜트의 인지 상담 연구소 소장인 로버트 리하이Robert Leahy는 우리의 정체성이 우리가 하는 일로 둘러싸이게 될 때 어떤 일이 일어나는지에 대해서 이야기했습니다. "이는 마치 당신의 전 재산을 한 종목의 주식에 투자하는 것과 같습니다. 그 한 종목이 바로 당신의 직업입니다. 그럴 경우 이 직업을 잃게 될까 봐 엄청 불안해하고, 만일 직장을 잃게 될 경우에는 낙담하게 됩니다."[3]

우리가 정체성의 뿌리를 선한 일들에 둔다면, 그것이 우리의 공식적인 직업이 되었건, 교회 내에서의 역할이 되었건, 자선사업이 되었건, 또는 여가 시간에 남을 섬기는 일이 되었건 간에, 우리는 선한 일을 할 때 겪을 수 있는 영적인 위험에 빠지게 될 것입니다. 선한 사역들에 온전히 마음을 빼앗기게 될 경우, '우리를 정결케 하소서' 사역을 하는 저스틴 데이비스가 말한 것처럼, "그리스도를 섬기는 것보다 당신의 소명을 더욱 열심히 섬기게 되는 유혹을 받을 수도 있습니다." *4

억울한 오명

나는 다윗 왕을 굉장히 좋아합니다. 그는 한때 양치기 소년이었지만 그 당시 가장 인기 있던 선지자로부터 왕위를 임명받고, 거대한 왕국을 세우게 될 것이라는 말을 들었습니다. 엄청난 약속이죠. 그의 앞에는 눈부시도록 밝은 미래가 펼쳐져 있었던 것입니다.

하지만 그는 사회로부터 버림받은 자들과 범죄자들과 함께 황량한 광야 가운데 서 있는 자신을 발견하게 됩니다. 그의 소위 막강 군사들은 '환난 당한 자와 빚진 자와 마음이 원통한 자들'에 지나지 않았습니다. _사무엘상 22:2

사울을 피해서 도망 다니느라 너무 지친 나머지 그는 적군인 블레셋 사람들에게 자신을 숨겨줄 것을 요청했습니다. 블레셋인들은 그가 자신들의 위대한 명장인 골리앗을 살해한 사람이라는 것을 알아보았습니다. 그런 다윗이 자신들의 마을에 입성했으니 절대 반갑게 맞아줄 수가 없었습니다.

이 사실을 눈치챈 다윗은 블레셋인들이 자신을 들여보내줄 수 있도록 미친 척을 하기로 결심합니다. '그들 앞에서 그의 행동을 변하여 미친 체하고 대문짝에 그적거리며 침을 수염에 흘리매.' _사무엘상 21:13

적군 앞에 서서 침을 흘리며 미친 사람처럼 연기하는 것은 이미 인생의 바닥까지 도달한 사람만이 할 수 있는 행동입니다.

이는 결코 다윗의 생애에서 기념할 만한 일이 아니었습니다.

뛰어난 전사, 이스라엘의 지도자, 그리고 신동 다윗이라는 정체성은 이미 오래전에 잊혀졌습니다. 하지만 다윗은 거인을 물리친 소년, 시인, 유능한 지도자라는 정체성에 연연하지 않았습니다.

생애에서 가장 밑바닥을 경험하던 그때 그는 시편 34편을 썼습니다. *5 불평을 늘어놓기 위해서가 아닌, 하나님이 누구인지를 잊지 않으려고 쓴 노래입니다. '너희는 여호와의 선하심을 맛보아 알지어다 그에게 피하는 자는 복이 있도다.' _시편 34:8

방금 전에 미친 척 행동해야 했고, 모든 사람들은 자기를 적대시하는 듯하고, 곧 죽음에 이를 것만 같은 그런 상황에서 하나님을 찬양했단 말입니까?

그는 이어서 다음과 같이 말합니다. "너희 성도들아 여호와를 경외하라 그를 경외하는 자에게는 부족함이 없도다." _시편 34:9

다윗은 자신의 아버지인 하나님을 잘 알고 있었습니다. 그에게는 그것으로 충분했습니다. 물론 그는 명성을 잃었습니다. 하지만 그가 골리앗을 무너뜨렸다는 사실이나 적군 앞에서 침을 흘리며 미친 척했다는 사실에 상관없이 그는 하나님의 아들이었습니다.

그의 정체성은 굳건히 세워져 있었습니다. 하나님께서 자신을 아들로 여기심을 알고 있었기 때문에 그에게는 부족한 것이 전혀 없었습니다.

이와 마찬가지로 우리가 직장에서 잘나갈 때나 또는 불명예스럽게 자리에서 물러나게 될 때, 우리는 다윗을 통해 어떤 식으로 정체성을 정립했는지를 보고 배울 수 있습니다.

요점은 바로 '기억하는 것'입니다. 하나님이 어떤 분이신지를 기억하십시오. 그분의 신실함을 기억하십시오. 그분의 선하심을 기억하십시오. 그분의 사랑을 기억하십시오. 다윗은 우리에게 분명히 말했습니다. "너희 성도들아 여호와를 경외하라 그를 경외하는 자에게는 부족함이 없도다."

예수님을 따르는 자

풀 타임 목사직을 그만두고 난 뒤 느꼈던 정체성의 상실감을 에드는 다음과 같이 표현했습니다. "갑자기 인생이 종착역에 다다른 듯한 느낌이었습니다. 그동안 시간당 100마일의 속도로 질주했는데 하루아침에 속도가 제로로 떨어진 듯한 기분이었습니다."

정체성의 급변과 동시에 그는 의사에게서 앞으로 2년밖에 살지 못할 것이라는 선고도 들어야 했습니다. 하지만 그것은 벌써 10년 전의 일입니다.

자신의 자리가 바뀌고 죽음까지 직면하게 된 그는 혁신적인 시각으로 성경을 탐독하기 시작했습니다. 일 년간 예수의 생애를 공부하면서 그분처럼 살고자 노력했습니다.

"성경을 공부하던 그 기간 동안 내 인생의 목적은 바로 예수를 따르는 것이었습니다. 아이러니하게도 그 이전까지는 삶 전반에 걸쳐서 예수님처럼 살고자 노력했지만 그 당시에는 그것을 실천할 시간이 없었습니다."

그는 이제 더 이상 5천 명 관중 앞에서 설교를 하지도 않고 더 이상 '설교단에 선' 풀 타임 목사도 아닙니다. 오늘날 그는 사람들을 한 사람 한 사람씩 대면합니다. 그는 요즘 들어 자기가 말하는 시간보다 상대방의 이야기를 듣는 시간이 더 많다고 말합니다. 예전에는 자신이 정답을 알고 있다고 생각했지만 지금은 선뜻 정답이라고 말해줄 수 있는 것들이 없기 때문입니다.

"진부하게 들릴 수도 있겠지만 예전에는 내가 모든 정답을 알고 있다고 생각했습니다. 하지만 인생을 더 오래 살수록 내가 아는 정답들은 더 적어져가네요." *6

그가 만나는 사람 중에는 같은 루게릭 병을 앓고 있는 사람들이 많습니다. 그는 더 이상 사람들을 대상으로 설교하지도 않고 강단 위에서 스포트라이트를 받는 것도 아니지만, 비로소 진정한 삶의 목적을 발견했다고 합니다. "저는 더 이상 설교자가 아닙니다. 지금의 저는 예수님을 따르는 사람입니다. 그게 전부입니다."[*7]

오늘날 그의 정체성은 그가 하는 사역을 뛰어넘는 것이며 창조주인 그분과 직접적인 관계 안에서 형성된 것입니다. 이러한 정체성이야말로 결코 사라지지 않을 우리의 유일한 정체성인 것입니다.

소명 찾기

에드가 그랬듯이, 예수님 안에 뿌리를 내리고 있을 때 우리는 안정된 정체성을 가질 수 있습니다. 이 사실을 분명히 믿으면, 우리가 하는 일과 사역을 향한 집착의 끈은 비로소 느슨해질 수 있습니다.

당신의 구원자인 그분과의 우정을 키워나가는 데 방해되는 것은 무엇입니까? 공사다망한 것? 주변의 가십들? 불안함? 에드는 빠르게 돌아가는 세상 가운데에서 그분의 음성을 듣고 성경을 읽고 기도하고 주기적으로 우리가 누구인가를 상기하는 데는 상당한 노력이 필요하다는 것을 깨달았습니다. 하지만 우리가 그리스도 예수 안에 정체성을 뿌리내리지 못하도록 방해하는 것들은 또 있습니다. 저자 리처드 포스터는 이렇게 말합니다. "우리가 아무리 바빠도, 먹고 잠자고 사랑하는 데에는 그다지 지장이 없습니다." *8 마지막 장애물은 하나님께서 우리를 사랑하시도록 우리는 조금 더 노력해야 한다는 잘못된 믿음인 것입니다.

아이러니하게도 육체적으로 더 이상 사역을 감당할 수 없게 되었을 때, 그리고 어떤 정답도 알 수 없다고 느끼던 그때에 에드는 오히려 하나님과의 관계를 더욱더 키워나갈 수 있었습니다. 마찬가지로 당신이 하는 사역으로 인해 하나님께서 당신을 더 많이 사랑하실 것이라는 잘못된 희망을 갖고 있다면, 이제 그만 애써도 됩니다. 하나님께 충분히 하지 못했다는 죄의식에서 자유로워지십시오. 십자가는 당신이 왕의 소중한 자녀라는 증거임을 잊지마십시오. 생명보다 더 귀한 그분의 신실한 사랑을 맛보는 데 주저하지 마시기 바랍니다.

논의할 질문

1. 당신은 당신의 직업을 잘 모르는 (또는 전혀 신경 쓰지 않는) 사람들과 함께 시간을 보내곤 합니까?

2. 누군가와 처음 만난 자리에서 스스로를 어떻게 소개하십니까? 주로 당신이 하는 일을 묘사하나요, 아니면 당신의 믿음과 가족에 대해 더 이야기 하십니까?

3. 당신은 주로 어떤 영역에서 정체성을 발견하나요?

4. 만약 다른 직업을 갖는다면 어떤 기분일까요? 당신이 사역에 종사하고 있다면, '다른 보통의 직업'을 갖는 것을 받아들일 수 있을까요? 아니면 여전히 사역에 몸담고 있어야 한다고 생각할까요?

5. 당신의 경력이나 사역을 통해서가 아닌, 하나님 안에서 정체성을 더욱 굳건히 할 수 있는 방법으로는 어떤 것들이 있을까요?

에드 돕슨의 인터뷰 영상을 보고 싶으시다면
www.peterkgreer.com/dandger/chapter11을 방문해보세요.

선한 사역들에 온전히 마음을 빼앗기게 될 경우
그리스도를 섬기는 것보다 당신의 소명을 더욱 열심히 섬기게 되는
유혹을 받을 수도 있습니다.

요점은 바로 '기억하는 것'입니다.
하나님이 어떤 분이신지를 기억하십시오.
그분의 신실함을 기억하십시오.
그분의 선하심을 기억하십시오.
그분의 사랑을 기억하십시오.

크리스천 카르마

착한 사람에게는 늘 좋은 일만
일어난다고 생각하는
영적인 위험

12

Christian Karma

하나님께서는 인간의 몸으로 직접 세상에 오셔서
모든 인간적인 경험을 직접 겪어나가기로 결심하셨습니다.
하나님께서는 사람에 관해서라면 결코 초연해 하지 않으셨습니다.
그분은 결코 먼 발치에 떨어져서 우리를 사랑하실 분이 아니십니다.
인생의 밑바닥까지 우리를 위해 달려오실 분입니다.
하나님께서는 낭패감과 외로움과 부산스러움과 혼란과 당혹감 같은,
인간이 느끼는 모든 감정들을 직접 느끼기로 결심하셨습니다.
그리하여 우리 인간의 일부가 되고자 하셨습니다.[1]

• 이삭 앤더슨Isaac Anderson, 기아대책기구Food for the Hungry

지금 묘사하는 사내 크리스마스 파티 장면을 더 잘 이해하고 싶다면 미국의 유명한 코믹 드라마 〈오피스 *The Office*〉의 한 장면을 상상해보십시오. 나는(마이클 스캇) 지금 크리스마스 파티 위원회 미팅 자리에 앉아 있습니다. 매년 열리는 사내 크리스마스 파티인지라 몇몇 사람들은 이미 심드렁해 있을 수도 있겠지만 나에게 크리스마스 파티란, 그동안 기다리고 기다리던 화려한 자수의 브이넥 크리스마스 스웨터를 자랑할 수 있는 기회이자, 단순한 동료가 아닌 가까운 '친구'들인 직원들과 함께 축제를 즐기는 자리입니다.

파티 위원회 임원들이 모여서 나눈 첫 번째 대화는 바로 파티의 테마였습니다. 지난 한 해 동안 하나님께서는 기적과 같은 일들을 우리에게 행하셨습니다. 본사에서 일하는 한 직원은 암을 이겨냈습니다. 해외 지사에서 일하는 동료의 아이가 병으로부터 치유되었습니다. 전 세계적인 경기 침체로 인해 조직의 가장 큰 기부자를 잃었음에도 불구하고 우리는 20퍼센트 이상 성장했습니다. 우리의 크리스마스 파티 주제는 매우 분명했습니다. 기적!

지난 일 년간 우리는 조직 전반에 걸쳐 기도의 중요성을 강조해왔습니다. 그리고 하나님께서는 우리 각각의 특정 기도에 신실하게 응답해주신 것만 같았습니다. 우리의 역량과 상상력을 초월해서 하나님이 더욱더 풍성하게 해주시길, 그리고 열심으로 기도하는 자들에게 그분의 능력을 더 크게 부어주시기를 기도했습니다.

크리스마스 파티 행사의 일부로, 우리는 해외 각 지사의 직원들이 지난 한 해 체험한 기적 같은 일들을 고백하는 장면을 영상에 담았습니다.

하지만 파티 며칠 전, 기적은 온데간데없이 사라져버렸고 파티의 주제인 기적은 마치 비꼬는 농담처럼 전락해버렸습니다. 모두의 기도에도 불구하고, 우리가 무척 아끼던 동료 케빈과 그의 아내가 임신 후반기에 아이를 유산하고 말았습니다. 하나님께서 우리 기도에 응답해주시지 않은 것에 대해 우리는 엄청난 충격을 받았습니다.

뭔가 잘못된 것 같았습니다. 케빈은 하나님을 무척이나 사랑하는 사람이었습니다. 그는 하나님을 온전히 섬겼습니다. 그는 우리 팀을 위해서 엄청난 헌신을 바쳤습니다. 하나님께서는 그동안 기적과도 같은 수많은 일들을 보여주셨는데 왜 전능하신 그분은 그분의 도움을 절실히 필요로 하는 순간에 나타나지 않으셨던 걸가요?

케빈의 아내 린은 우리에게 다음과 같은 글을 썼습니다. '하나님께서 자비로우신 하나님이시라면, 우리가 간절히 그분을 간구할 때에 왜 우리를 저버리시는 건가요?'

헌신적으로 사역을 하는 착한 사람들은 이러한 고통에서 보호받아야 하는 법입니다.

시편 23편을 읽노라니 다음과 같은 수많은 질문들이 떠올랐습니다.

여호와는 나의 목자시니 내게 부족함이 없으리로다

왜 하나님께서는 치유해주지 않았던 거지? 왜 목자가 자신의 양을 잘 돌보지 않는 거지?

그가 나를 푸른 풀밭에 누이시며 쉴 만한 물가로 인도하시는도다

약속된 쉼과 축복은 도대체 어디에 있다는 말인가?

내 영혼을 소생시키시고 자기 이름을 위하여 의의 길로 인도하시는도다

그런데 왜 우리에게는 의의 길이 보이지 않는 걸까?

내가 사망의 음침한 골짜기로 다닐지라도 해를 두려워하지 않을 것

은 주께서 나와 함께하심이라 주의 지팡이와 막대기가 나를 안위하시나이다

왜 그분의 지팡이가 우리를 안위하는 데 사용되기보다는 마치 체벌하는 데 사용되는 것처럼 느껴지는 걸까?

주께서 내 원수의 목전에서 내게 상을 차려주시고 기름을 내 머리에 부으셨으니 내 잔이 넘치나이다

착한 일에는 관심도 없는 사람들이 어째서 우리와 똑같이 이런 보호를 받는 걸까? 나는 고통스러워 죽겠는데 왜 그들은 범사가 잘된다는 말인가?

내 평생에 선하심과 인자하심이 반드시 나를 따르리니 내가 여호와의 집에 영원히 살리로다

약속하신 선하심과 인자하심은 과연 어디에 있단 말인가? 형편이 좋을 때는 시편이 술술 읽히는데, 삶이 고통스러울 때는 왜 쉽게 읽혀지지 않는 것일까?

약속하신 것들을 행하시지 않을 때, 우리는 심지어 하나님이 존재하는지 의문을 품게 됩니다. 아이들이 아플 때, 직장을 잃게 될 때, 고통과 곤란을 겪게 될 때, 우리는 마치 버림받은 것처럼 느낍니다. 또는 우리가 착하게 살지 않아서 그렇게 된 것이라고 생각합니다. 특히나 북미 문화를 들여다보면, 우리가 누려온 부유함이 '고통을 감수하는 신앙'이라는 개념을 우리에게서 아예 차단시켜버리고 오직 선한 사람들만이 하나님께 헌신한 대가로

좋은 것들을 돌려받는다는 믿음을 갖게끔 만들어버렸습니다. 우리가 고난에 처하게 되면, 이는 마치 알 수 없는 이유 때문에 하나님께서 벌 주신 것처럼 보입니다.

선한 일을 행하면서 처하게 되는 영적인 위험 중 아마도 이것이야말로 가장 받아들이기 힘들고 역사적으로 가장 오랜 시간 동안 우리를 괴롭혀온 문제일 것입니다.

고대의 카르마

사람들은 욥의 이야기를 고난에 관한 이야기로 생각합니다. 욥이 잃은 것들을 볼 때면 의문을 품게 됩니다. 하나님은 과연 정의로운 분인가?

이 질문의 중심에는 바로 선한 일을 할 때 우리가 겪게 되는 영적인 위험이 자리 잡고 있습니다. 이 위험은 바로, '만약 우리가 행한 선한 행위의 대가로 좋은 것들을 돌려주지 않는다면 하나님을 정말 좋은 목자라고 할 수 있는가?' 라는 생각이 밑바탕에 깔린 크리스천 카르마라는 부분입니다.

남 일에 간섭하기 좋아하는 말 많은 욥의 친구들이 자세히 설명한 것처럼, 카르마는 고대 시대의 통용된 상식이었습니다. 네가 선한 일을 하면, 선한 하나님께서 너에게 호의를 베풀어주실 것이다. 만일 나쁜 일을 하면, 벌을 받게 될 것이다. 바른 사나이 인 욥은 하나님께 보상을 받았어야 마땅하다.

하지만 이는 거짓된 믿음입니다. 이야기 마지막에 욥은 끝까지 의로운 사람으로 인정받았습니다. 그럴싸하게 들리는 논리를 폈던 그의 친구들은 옳지 않았습니다.

욥은 선한 사람이었습니다. 하나님께서는 욥이 고난을 당하게 하셨습니다. 하나님은 선한 분이십니다.

그 시대의 통념과 다를지라도, 그리고 욥의 친구들이 갖고 있던 신념과는 다를지라도, 하나님은 선한 분입니다.

욥에게 죄가 없음이 밝혀졌을 때에도 하나님께서는 다음과 같이 말씀하셨습니다. "너는 대장부처럼 허리를 묶고 내가 네게 묻는 것을 대답할지니라. 내가 땅의 기초를 놓을 때에 네가 어디 있었느냐 네가 깨달아 알았거든 말할지니라." _욥기 38:3-4

욥은 왜 자신이 고난을 당했는지 결코 알 수가 없었습니다. 그리고 우리들 역시도 왜 그가 고난을 받았는지 알 수 없습니다.

우리는 때로 큰 그림을 봅니다. 그리고 때로는 하나님께서 당신의 뜻이 무엇인지 내보여주시기도 합니다. 하지만 때로는 그렇지 않을 경우도 있습니다. 우리는 하나님의 길을 알지 못합니다. 우리에겐 그저 그분을 신뢰하는 방법밖에는 달리 선택할 길이 없습니다.

예상을 깨는 고난

만약 크리스천 카르마가 진짜라면, 예수의 훌륭한 제자들은 그러한 카르마의 혜택을 누리고도 남아야 했을 것입니다.

하지만 예수의 제자들을 봤을 때, 열두 명 중 열 명은 순교했습니다. 도마는 인도에서 창에 찔려 죽었습니다.*² 빌립은 오늘날의 터키 지역에서 돌에 맞아 죽었고, 머리에 말뚝이 박히기까지 했습니다.*³ 베드로와 안드레 형제는 십자가형을 당했습니다. 베드로는 거꾸로 십자가에 매달렸고, 안드레는 못 박히지는 않았지만 대신 고통을 더 오래 느끼도록 십자가에 묶여 있었습니다.*⁴

하나님께서는 절대로 쉬운 삶을 약속하시지 않았습니다. 실제로는 그 정반대를 약속하셨습니다. '이것을 너희에게 이르는 것은 너희로 내 안에서 평안을 누리게 하려 함이라 세상에서는 너희가 환난을 당하나 담대하라 내가 세상을 이기었노라.' _요한복음 16:33

고통스러운 기도자들

이 글을 집필하던 당시 두 달여간 나는 사랑하는 사람을 여러 명 잃었습니다. 아버지께서 암 판정을 받으셨습니다. 유일하게 살아

계셨던 조부모님 두 분이 돌아가셨습니다. 그리고 로렐이 끔찍이 아끼던 할머님이 돌아가셨습니다. 그분은 전화기 사용법을 배우신 뒤로 로렐과 거의 매일 통화하던 분입니다.

물론 이러한 상실감은 내 인생에서 굉장히 큰 아픔이긴 하지만, 매일매일 고통을 겪으며 살아가는 사람들의 아픔에 비하면 지극히 사소한 것일 것입니다. 전 세계를 돌아다니며 세상의 깨어짐을 목격하면서, 나는 마음이 깨지는 것을 체험했습니다. 일생의 단 하루라도 건강이나 부를 누리지 못하는 많은 신실한 하나님의 사람들을 만났습니다. 그들의 고통은 신앙심의 깊이와는 아무런 관련이 없습니다. 저기 저 엄마들은 아이들이 배고픈 채 잠들지 않도록 진흙을 구워 먹이고 있는데, 왜 나는 엄청나게 많은 좋은 것들을 삶에서 누리고 있는 것인지 의문이 들었습니다. 누군가 선천적 장애나 질병으로 인해 일생 동안 고통받아야 하는 것은 매우 부당해 보입니다. 예상치 못한 고통을 마주하게 되면 인생은 그저 즐거운 것만은 아니라는 것을 깨닫습니다.

나는 고통이라는 것이 왜 생기는 것인지 알지 못합니다. 그리고 이에 대한 진부한 답변은 막상 고통을 겪고 있는 사람들에게 또 한 번의 큰 상처가 된다는 것을 알고 있습니다.

하지만 타인의 아픔을 보고 그리스도의 사랑으로 이에 반응하게 될 경우 어떤 일이 생기는지는 잘 압니다. 내가 사랑하는 사람들을 잃었던 그 시절에, 비슷한 일을 겪었던 친구들은 로렐과 내게 상황을 더 큰 시각으로 보라고 격려하며 이에 적용되는 성경 말씀들을 보내주었습니다. 아버지가 머물러 계신 병실은 전 세계에서 보내온 사랑의 메시지와 꽃들로 장식되었습니다. 우리는 혼자가 아님을 깨달았습니다. 우리를 향한 타인의 사랑을 통해서 하나님의 존재를 느꼈고, 삶이 평온했더라면 전혀 느끼지 못했을 하나님과의 직접적인 소통을 깨달을 수 있었습니다. 우리는 하나님의 나라가 이 땅에 실현되기를 간절히 소망하게 되었습니다.

케빈과 린 부부가 고통을 헤쳐나가고 있을 때, 그리고 우리 부부가 상실의 고통을 이겨내고 있을 때, 나는 타인의 고난에 기꺼이 동참하는 사람들의 아름다움을 목격했습니다. 힘든 공간과 힘든 환경을 함께 걸어가는 사람들, 고통의 한복판에서 사랑이 어떤 것인지를 직접 보여주는 그분들의 아름다움 말입니다. 음식을 가져다 주고 병실을 방문해주고 집을 청소해주는 그분들.

하나님은 우리가 모든 정답을 다 알고 있기를 바라지 않으십니다. 다만 우리가 살고 있는 이 세상이 우리 집이 아니라는 것을 상기시켜주십니다. 고통은 우리로 하여금 그분이 다시 오시기를 간절히 원하도록 만들어줍니다. 그리고 그분의 마음을 따라 도움이 필요한 사람들에게 사랑을 실천할 수 있도록 우리를 격려해줍니다.

하나님은 우리와 함께 고통을 분담하십니다

예수께서 이 세상에 오셨을 때 그분은 세상의 깨어진 부분과 자신을 분리시키지 않으셨습니다. 대신 그분은 자진해서 그 깨어짐 속으로 들어가셨습니다.

크리스천 지도자 존 스캇John Scott은 다음과 같이 말합니다. "만약 십자가가 아니었다면 나는 하나님을 믿지 않았을 것입니다……. 만약 하나님이 고통을 전혀 느끼지 못하는 분이었다면 고통으로 가득 찬 이 세상에서 우리가 어떻게 그런 분을 경배할 수 있겠습니까?" *5

스캇은 아시아 국가들을 여행하면서 여러 번 사찰을 방문했다고 합니다. 불상들 앞에 서서 이들이 눈을 감은 채 팔짱 낀 자세로 앉아 이 세상의 모든 고통과 근심으로부터 동떨어져 있는 모습을 바라보았습니다.

"하지만 매번 그 모습을 등지고 돌아설 수밖에 없었습니다." 십자가에 매달려 고통받는 하나님의 모습을 떠올릴 수밖에 없었기 때문입니다. "쓸쓸하게, 온몸이 뒤틀린 채, 십자가 위에서 고문당하던 그 모습. 못이 박힌 손과 발, 찢어진 등, 뒤틀린 사지, 가시관으로 인해 피가 흘러 넘치는 이마, 말라버린 입과 참을 수 없는 갈증, 외딴곳 어두컴컴한 암흑 속에 홀로 남겨진 그분. 그분이 바로 나의 하나님이십니다!" *6

하나님께서 우리의 깨어짐과 상처를 통해 다가오셨듯이, 치유자 되시는 그분은 우리가 타인의 고통 속으로 들어가기를 원하십니다. 우리가 이웃 중 누가 직장을 잃었는지 알아차리는 것을, 주변의 미망인과 고아들을 위해서 싸워주는 것을, 나 자신보다는 타인을 위로하는 데 더 우선순위를 두기를 원하십니다.

착한 이들에게 항상 좋은 일들이 생기는 것은 아닙니다. 하지만 우리의 선한 목자는 언제나 선하시며, 도움을 필요로 하는 사람들을 향해 당신과 내가 그분의 손과 발이 되어주기를 원하십니다. 우리가 비록 고난과 고통에 관련된 어려운 문제들에 대해 정답을 갖고 있지 않을지라도 말입니다.

우리가 크리스마스 파티에서 기념할 수 있는 기적, 한 해를 살아가는 내내 기념할 수 있는 기적은 바로 하나님께서 어느 특정한 기도에 응답하시는 것이 아니라 우리에게 **임마누엘**을 선물로 주신 것입니다. 즉, 주님은 설명할 수 없는 고난 가운데에 처해 있을지라도, 우리와 함께하시고 우리를 위해 살아 계신 하나님이라는 사실입니다.

논의할 질문

1. '하나님께 착한 일을 하면 하나님으로부터 축복을 받는다' 라는 개념의 크리스천 카르마를 오늘날의 교회 안에서도 목격하십니까?

2. 크리스천 카르마를 믿은 적이 있나요? 만약 있다면, 그것은 당신과 하나님의 관계에 어떤 식으로 영향을 미쳤나요?

3. 크리스천 카르마는 왜 위험한 믿음일까요?

4. 욥기의 가장 핵심 질문은 바로 '하나님은 정의로우신가?'라는 것입니다. 이러한 생각은 크리스천 카르마와 어떻게 연결되어 있을까요?

팀 켈러 목사가 말하는 고통과 고난에 대한 설교 영상을 보시고 싶다면,
www.peterkgreer.com/dnager/chapter12를 방문해주세요.

나를 부끄럽게 만든 시금치 샐러드

내 잘못은 못 보고
남들의 잘못만 보게 될 때의
영적인 위험

13

Spinach Salad With a Side of Shame

어찌하여 형제의 눈 속에 있는 티는 보고 네 눈 속에 있는 들보는 깨닫지 못하느냐

보라 네 눈 속에 들보가 있는데 어찌하여 형제에게 말하기를

나로 네 눈 속에 있는 티를 빼게 하라 하겠느냐

외식하는 자여 먼저 네 눈 속에서 들보를 빼어라

그 후에야 밝히 보고 형제의 눈 속에서 티를 빼리라

• 예수 (마태복음 7:3-5)

캘리포니아의 오렌지 카운티에서 하루 종일 회의를 하고 나니 저녁 시간이 무척이나 기다려졌습니다. 오전에 캘리포니아에 도착한 뒤로 쉴 틈 없이 온종일 회의를 했습니다.

레스토랑에 도착한 나는 동료인 젠Jenn과 다른 여러 후원자들과 자리에 앉았습니다. 나는 건강한 식단을 유지하기 위해 시금치 샐러드를 주문했고, 저녁 식사 자리는 계획한 대로 잘 흘러갔습니다.

대화는 무르익었고 자리에 함께한 후원자들은 우리 사역에 함께 동참하는 데 관심을 보였습니다.

마침내 나는 피곤한 몸을 이끌고 잠을 청하러 호텔로 향했습니다. 그런데 문득 거울을 들여다본 순간, 몸에서 아드레날린이 솟구쳐 오르는 것을 느꼈습니다. 잠이 확 달아나버렸습니다.

시금치 한 조각이 치아에 끼여 있었던 것입니다. 그것도 엄청나게 큼지막하고 보기 흉한, 결코 실수라고 봐줄 수 없을 정도의 시금치 조각이었습니다.

다음날 아침식사 자리에서 젠이 말을 걸어왔습니다. "피터, 음…… 난 어쩌면 좋을지 모르겠는데……. 만약 당신이 엉뚱한 사람의 이름을 부르면서 기도하거나, 아니면 이에 뭔가가 끼여 있거나 그럴 때 말예요……."

나는 분개했습니다. "시금치가 낀 걸 알았으면서! 나한테 아무런 귀띔도 안 해줬던 거야?" 그리고 곧 젠이 한 말을 곱씹으며 내가 저지른 또 다른 실수를 깨달았습니다. "내가 이름을 잘못 부르면서 기도했다고?" 그다지 유쾌한 하루의 시작은 아니었습니다.

후원자들은 내 앞니에 낀 큼직한 시금치를 뚫어져라 바라봤겠지만 나는 그들의 시선을 느낄 수 없었습니다. 완전히 무지했었습니다. 그 시금치는 정말로 보기 흉했습니다.

그날 나는 살면서 이 시금치 한 조각보다 훨씬 더 역겨운 나의 자부심, 자만심, 이기심과 같은 잘못들을 얼마나 자주 들여다보지 못했는지, 또는 들여다보길 원하지 않았는지에 대해 생각해보지 않을 수 없었습니다.

후원자들을 향해 가난한 사람들을 위해서 헌신하며 살라고 큰소리치면서 나는 정작 쓸데없이 집안을 꾸미는 데 돈을 써댈 수도 있습니다.

교회에서는 가난한 사람들을 향한 하나님의 긍휼한 마음에 대해서 설교하면서 정작 나는 가정에서 나의 아이들에게 모질게 대할 수도 있습니다.

심지어 겸손함에 대해서 설교하면서 내가 이 메시지를 얼마나 잘 전달했는지 스스로 자랑스러워 할 수 있습니다.

선한 일을 할 때 마주하는 위험 중의 하나는 바로 내가 상대방의 이에 낀 시금치는 보면서 정작 내 것에 낀 시금치는 보지 못하는 것입니다.

독을 품은 태도

나는 원래 화를 잘 안 내는 사람이지만 캄보디아에서 돌아왔을 때 식료품점에서 감정이 폭발했던 적이 있습니다.

빈곤한 나라에서 지내다 미국으로 돌아온 지 얼마 안 된 나는 가게 안에 들어서자마자 미국이 소비하는 과도한 상품들 앞에서 입이 쩌억 벌어졌습니다. 그러다 시리얼들이 있는 코너에서 인내심의 한계에 부딪히고 말았습니다.

캄보디아에서 지난 몇 개월간 나는 매일 똑같은 아침 식사를 했습니다. 지난밤에 남은 밥에 우유를 조금 부어서 먹곤 했지요. 무척이나 질척하다는 점만 빼면, 바로 '피터 표 라이스 크리스피'였습니다. 또한 아주 특별한 날에는 '캄보디안 레이즌 브랜', 즉 지난밤에 남긴 질은 밥에다 건포도와 설탕을 넣어서 만든 아침 식사를 먹곤 했습니다.

그러던 내가 미국 식료품 매장 내 시리얼 코너에서 한 아이가 불평하는 장면을 목격했습니다. 아이는 엄마가 사려는 제품 말고 다른 맛을 먹고 싶다고 떼를 쓰는 것이었습니다. 그 아이를 보고 있자니 무척이나 화가 치밀어 올랐습니다.

그 자리에 계속 있다가는 폭발할 것만 같아서 아무런 잘못 없는 코코팝만 아작아작 씹으면서 바로 그 자리를 떴습니다.

스스로 너무 의로운 마음으로 가득한 나머지 잔뜩 화가 난 상태로 그 가게 문을 박차고 나왔습니다. 사람들은 지금 굶어 죽어가고 있다고! 그 꼬마는 너무 이기적이고, 부유하고, 버르장머리 없는 녀석이라고! 나의 의로운 분개는 단순히 그 한 아이만을 향한 것이 아니었습니다. 나는 북미 지역의 교회들이 혼자서만 피둥피둥 살찌우고 이 세상의 가난한 자들을 돌보지 않음을 비난하기 시작했습니다.

새로운 관점

내 친구인 장 마리Jean Maire가 펜실베이니아 근교의 아주 평범한 (적어도 내 생각엔), 좋긴 하지만 그렇다고 전혀 화려할 건 없는, 전형적인 중산층 이웃들이 살고 있는 랑카스터에 위치한 우리 집을 방문했을 적에, 나는 그를 통해서 새로운 관점을 갖게 되었습니다. 장 마리는 나의 부룬디 동료인데 미국을 방문하는 동안 우리 집에 잠시 들렀습니다.

나는 기차 역으로 그 친구를 마중 나갔습니다. 집에 도착했을 때 나는 차고 문을 열기 위해 버튼을 눌렀습니다. 장 마리는 껄껄 웃었습니다. "피터, 당신은 정말 부자네요. 정말 부자예요!"라고 말하는 것이었습니다. 그 후로도 연신 "피터, 당신은 정말 부자야"를 반복했습니다. 그러고는 차에서 내려 차고 문을 여는 기계를 신기한 듯 바라보더니 우리가 차고를 여는 기계를 갖고 있다는 사실에 매우 놀라워했습니다.

'피터, 당신은 정말 부자네요.' 그의 말이 머리 속에서 자꾸만 맴돌았습니다.

장 마리 말이 맞았습니다. 빌 게이츠 급은 아니었지만 세계적인 시각으로 봤을 때 나는 엄청나게 부자인 사람이었습니다. 가난한 사람들을 향했던 혈기왕성한 내 열정은 캄보디아에서 돌아온 후 지극히 '평균적인' 일상 생활 그 어디에서도 찾아볼 수 없었습니다.

식료품 매장에서 누굴 비난할 처지가 아니었습니다. 이 세상에서 도움을 필요로 하는 사람들을 직접 보고 왔음에도 불구하고, 정작 일상 생활에서는 남들처럼 똑같이 살아가고 있는 내가 오히려 더 비난받아야 할 사람 아닌가요? 타인의 죄만을 들여다보게 되면 자신의 자아만 살찌고 스스로를 의인인 양 여기는 마음만 커지게 됩니다.

주께서 말씀하셨습니다. "네 눈에 있는 들보를 보라— 네가 시리얼 코너에서 사람들을 비난하기 전에……."

죄의 위중함을 따지자면

나에게는 나만의 '죄의 위계'가 있습니다. 아마도 나는 이 잣대를 적용해서 타인을 비방하고 동시에 나 스스로 그들보다 더 낫다고 여기는지도 모르겠습니다.

르완다에서 배운 값진 교훈 하나를 이야기하려 합니다.

르완다는 끊임없이 이어져 있는 언덕들과 마치 조각보처럼 펼쳐진 농경지대가 아름다운 장관을 이루는 곳입니다. 그곳에서는 실제로 야생 고릴라가 뛰어 놀고 있습니다. 그리고 그곳은 참된 용서의 예시들로 넘쳐나는 곳입니다.

하지만 르완다에서의 생활이 항상 편안했던 것은 아닙니다. 하루는 아침에 일어났는데 이상한 기운을 느꼈습니다. 키갈리의 대부분의 집들처럼 우리 집 역시 낯선 침입자를 차단하기 위해 담장 윗부분을 뾰족하게 튀어나온 유리 파편들로 덮어 놓았습니다. 하지만 그날 아침, 담장 위에는 헝클어진 옷가지들이 마구 널브

러져 있었습니다. 누군가가 이웃이 널어놓은 빨래더미를 들고 와 담장 위에 쌓아놓고 그 위로 담벼락을 넘어온 것입니다. 나는 거실로 황급히 달려갔고 그 순간 밤새 우리 집이 강도에게 털렸다는 사실을 깨달았습니다. 큰 배신감을 느꼈습니다. 그리고 불안했습니다.

몇 달 후, 시내에 세워둔 내 차 안에 누군가가 침입했습니다. 강도는 차 내부의 스테레오와 CD를 싹 쓸어갔고, 오직 자기 신발 한 짝만을 차 안에 남겨두었습니다. 그다지 공평한 물물교환은 아니었습니다.

더 최악이었던 것은 그 일이 있었던 시기에 회사 돈을 횡령한 직원들을 해고해야 했던 일입니다. 우리는 그들을 절친한 친구로 여겼습니다. 그들은 우리와 함께 기도했던 동료들이었습니다. 매일 금요일 저녁 우리 집에 와서 영어 공부를 함께하던 사람들이었습니다. 우리는 그들 개개인을 신뢰했습니다. 우리는 심한 배신감을 느꼈고 크게 실망했습니다.

나라면 결코 **이 사람들처럼** 뭔가를 훔치지 않을 것입니다.

그 일을 겪고 난 얼마 후 르완다인 친구와 대화를 나누게 되었습니다. 나는 그의 말을 듣고 각각의 문화에는 서로 다른 죄의 계층이 존재한다는 사실을 깨닫게 되었습니다. 미국 중산층 문화에서 자란 나는 뭔가를 훔친다는 건 '매우 나쁜' 죄의 범주 안에 들어간다고 배웠습니다. 하지만 다른 문화권의 사람들은, 가족을 먹여 살릴 수만 있다면 돈 많은 외국인의 돈을 훔치는 것을 그 정도의 악질 범죄는 아니라고 생각할 수도 있습니다.

그 친구는 또 말하길, 죄의 위중함을 따져봤을 때 자신들의 관념으로는 미국인들이 노부모를 요양시설에 보내는 것은 매우 심각한 죄악이라고 설명했습니다. 그것은 무례하기 짝이 없는 행위로, 자기 가족을 은퇴 시설로 내보내는 사람을 어떻게 진실로 예수님을 따르는 자라고 할 수 있을지 의문이라고 말했습니다. 또한 르완다에서는 공공장소에서 화를 내는 행위를 엄청나게 비난받을 일로 여깁니다. 그런가 하면 어떤 르완다인들은 출근길에 운전하면서 열 받아 하는 미국인들을 보며 과연 그들이 예수 그리스도를 따르는 자들인지 의문스럽다고 말합니다.

대화를 나누면서 나는 타인의 죄에 초점을 두기보다는 내 삶을 위해서 얼마나 더 많은 영역에서 노력해야 하는지를 깨달았습니다. 다른 사람들이 가난한 자, 고아, 미망인 등을 돌보는 데 충분히 노력하지 않는다고 비난하기보다는 그 시간에 힘없고 나약한 사람들을 더욱 사랑하고 돌봐야겠다고 생각했습니다. 타인들의 화려한 라이프 스타일을 비판하기보다는 더욱더 헌신하고 더 관대한 태도로 살아야겠다고 생각했습니다. 타인의 위선을 비난하기보다는 거짓 없는 삶을 사는 데 더 매진해야겠다고 생각했습니다.

다시 말해서, 타인을 쉽게 비판하기보다는 예수님을 모방하며 살고 싶습니다.

예수님의 삶을 보면, 독실한 체하며 자기가 믿는 종교를 이용해 타인을 낮추고 스스로를 높이 여기던 위선자들을 제외하고는, 주께서 누군가를 비난했다는 사실은 찾아볼 수 없습니다. 자비를 간구하며 예수께 찾아온 모든 이들은 항상 그분의 긍휼히 여기심을 체험했습니다. 치유를 간구하던 자들은 온전케 됨을 경험했습니다.

저녁 만찬

복음서를 보면 예수께서 저녁 만찬에 초대받으신 적이 있습니다. 예수님을 초대한 주인은 매우 독실한 신자인 시몬이었습니다. 그런데 분위기가 무르익을 때쯤, 갑자기 한 여인이 들어왔습니다. 평범한 여인이 아니라 죄 지은 여인이었습니다. 여인은 눈물을 흘리며 예수님의 발을 자기 머리카락으로 닦고 입을 맞춘 뒤 값비싼 향료를 발 위에 부었습니다. _누가복음 7:36-38

시몬은 이 모든 광경을 보고 이마를 찌푸렸습니다. 그러나 예수님은 시몬을 밖으로 불러내어 이렇게 말씀하셨습니다.

그 여자를 돌아보시며 시몬에게 이르시되 이 여자를 보느냐 내가 네

집에 들어올 때 너는 내게 발 씻을 물도 주지 아니하였으되 이 여자는 눈물로 내 발을 적시고 그 머리털로 닦았으며

너는 내게 입맞추지 아니하였으되 그는 내가 들어올 때로부터 내 발에 입맞추기를 그치지 아니하였으며

너는 내 머리에 감람유도 붓지 아니하였으되 그는 향유를 내 발에 부었느니라 _누가복음 7:44-46

그리고 예수께서는 계속 말씀을 이어갔습니다. "이러므로 내가 네게 말하노니 그의 많은 죄가 사하여졌도다 이는 그의 사랑함이 많음이라 사함을 받은 일이 적은 자는 적게 사랑하느니라." _누가복음 7:47

나는 매 순간 내가 얼마큼 용서받은 사람인지를 계속해서 망각하는 시몬과 같은 사람입니다.

나는 그분의 사랑을 받았고 그래서 회복된 자입니다.

시몬과 같이 우리 모두는 은혜를 잊고 살아갑니다.

바카디에서 물로 갈아타기

스캇 해리슨Scott Harrison은 나에게 영웅과도 같은 사람입니다.

스캇은 호화로운 삶을 살았습니다. 나이트클럽 홍보인이던 그

는 럼주 바카디Bacardi를 마시는 모습을 홍보로 한 달에 2천 달러를 받았고, 모델들과 데이트하며 부유한 유명인사들과 어울렸습니다.

스캇은 자신이 행복하지 않다는 것을 깨닫고 2년간 봉사를 하며 전 세계를 돌아다녔습니다. 그는 서부 아프리카 지역에서 질병과 전쟁으로 삶이 파괴된 사람들이 겪는 고통을 직접 목격하게 되었습니다. 확 바뀐 사람이 된 그는 다시 미국으로 돌아왔습니다.

귀국한 바로 첫날 그의 친구는 그를 위해 16달러짜리 마가리타를 주문했습니다. 그 광경에 처음에는 친구를 야단치며 세상에는 지금도 죽어가는 사람들이 있다고 소리치고 싶었다고 합니다. "하지만 상대에게 죄책감을 느끼게 만드는 것은 부질없는 일이라는 것을 깨달았습니다." 스캇은 말했습니다. 과거 행적을 보건대, 과연 그는 친구를 비난할 자격이 있는 사람일까요? "저도 한때 그렇게 살았으니까요." 스캇은 말합니다.

스스로 의로운 체하는 분노 때문에 어쩔 줄 모르는 대신, 그는 홍보 담당자로서 타고난 재능을 활용해 새로운 이야기를 전달하기 시작했습니다.

스캇은 재단을 설립했습니다. 그 이름은 바로 Water.org입니다. 어떻게 하면 전 세계 사람들이 깨끗한 물을 사용할 수 있을지에 대해서 홍보하는 단체입니다. 초기 몇 해 동안 그는 전 세계 2

백만 명의 사람들에게 깨끗한 물을 공급하는 데 충분한 금액의 자본을 모았습니다.

스캇이 자신만의 의로운 분노에 휩싸이지 않았기 때문에 친구들은 지금 그의 이야기에 귀 기울여줍니다. [*1]

모닥불과 맹점

진솔한 대화의 장을 마련하는 데 모닥불만큼 효과적인 것도 없습니다. 콜로라도에서 하루 종일 낚시, 사륜구동 바이킹과 남자들만의 자유시간을 만끽한 뒤 나는 함께했던 나이 든 분들과 함께 모닥불 주변에 둘러앉아 내 인생에서 처음으로 나누어보는 진솔한 대화의 시간을 갖게 되었습니다.

일행 중 한 사람이었던 타이거Tiger는 우리 각자가 진솔하게 서로를 통해 보는 각자의 강점과 맹점을 이야기해보자고 제안했습니다.

잠시 어색한 침묵이 흐르는 동안 우리는 우리가 정말 이러한 솔직한 피드백을 듣고 싶어 하는 것인지 의구심 어린 눈빛을 서로 교환했습니다.

하지만 대화를 마치고 나서 우리는 사랑의 마음으로 전달하는 서로를 향한 진실된 언어는 서로에게 큰 선물이라는 것을 깨달았습니다. 그들은 나의 패기 넘치는 이상주의를 지적하였고 이것이 문제를 일으킬 수도 있음을 경고해주었습니다. 또한 타인을 쉽사리 신뢰하는 나의 태도가 때로는 힘든 결정을 회피하게 만들고 계획을 질질 끌게 만들 수도 있음을 일깨워주었습니다.

나에 대한 피드백을 듣는다는 것은 언제나 쉬운 일만은 아니지만, 분명 각자에게 있어서 놀랍고 새로운 경험입니다.

사람들과 함께 당신의 맹점에 대해서 이야기를 나누는 일이 쉽지 않을 수도 있습니다. 하지만 이는 매우 가치 있는 일입니다. 친구들이 당신의 치아에 낀 보기 흉한 시금치에 대해서 이야기해줄 수도 있으니까요.

논의할 질문

1. 누군가와 함께 당신의 맹점에 대해서 이야기를 나눴던 적이 있습니까? 만약 있다면 그 당시 어떤 이야기를 나누었나요?

2. 당신이 감정적으로 반응하게 되는 상황, 행동, 그리고 주변 환경은 어떠한 것들이 있나요? 대부분 이런 반응들은 당신이 지닌 문제점이 다른 사람을 통해 조명되게 될 적에 발생하곤 합니다.

3. 왜 문화권마다 죄의 위중함을 따지는 기준이 다를까요? 같은 문화권에서도 서로 다른 경험과 출신 배경을 지닌 사람들이라면 역시 그 기준은 달라질까요?

스캇 해리슨의 영상을 보고 싶으신 분은
www.peterkgreer.com/danger/chapter13을 방문해 주시기 바랍니다.

저
어땠나요?

남들이 나를 어떻게 보는지 집착할 때의
영적인 위험

14

How Do I Look?

오만한 자는 항상 눈을 내리깔고 상황이나 사람들을 봅니다.
그렇게 아래로 내려다보는 한 결코 자신 위에 무엇이 있는지 알 수 없습니다.*1

• 루이스 C. S. Lewis

✦

마이크로 파이낸스 은행에서 일할 적에 USAID로부터 르완다와 우간다에서 주최하는 한 컨퍼런스에서 강연을 해달라는 초청을 받았습니다. 밀 콜린 호텔에서 열린 컨퍼런스에는 전 세계에서 온 마이크로 파이낸스 실무자들이 참석했습니다. 나는 친절하게 보이고 싶은 마음에 강연을 마친 뒤 이들을 이끌고 우리 키갈리 사무실로 가서 직원들을 소개하고 은행의 실제 업무 상황을 보여주고자 했습니다. 나는 프랑스어로 이렇게 말했습니다.

"여러분을 두 팔 벌려 환영합니다."

나는 이렇게 말했다고 생각했습니다.

그런데 몇몇 거북해 하는 일행들의 얼굴을 보고 내가 실수했음을 깨달았습니다.

Bras(팔)라는 단어를 쓰는 대신 실수로 다리라는 의미의

Jambes를 사용하고 말았습니다. "여러분을 두 팔 벌려 환영합니다"라고 말하는 대신 "여러분을 두 다리 벌려 환영합니다"라고 말한 것입니다. 잘못 선택한 단어 하나가 완전히 다른 (그리고 거북한) 의미가 되었습니다.

일정이 끝난 뒤 그날 내가 보았던 사람들 표정, 그리고 이 분야에서 명성이 자자한 유명 인사들의 놀란 반응을 다시금 떠올리며 나는 밤잠을 설쳤습니다.

내가 한 말과 행동, 그리고 사람들이 그런 나를 어떻게 생각할지에 집착하면서 밤잠을 설치는 것이 처음은 아니었습니다. 이러한 바보 같은 태도는 다른 방식으로 다른 상황에서도 반복됩니다.

소위 선한 일을 한다는 사람들은 잠 못 이루는 밤을 지새기 일쑤입니다. 내가 과연 잘한 걸까? 내 말을 듣고 사람들이 좋아했을까? 사람들이 나에게 과연 높은 점수를 줬을까?

이러한 태도는 바로 자기 이미지 관리에 대한 집착입니다. 그리고 이러한 태도는 영적으로 위험한 태도입니다. 스스로에 대한 생각이 많아지면 우리는 하나님에 대해 충분히 묵상할 수 없게 됩니다.

신약에서 그리스도는 많은 사람들이 선뜻 자신을 따르지 않는다는 사실을 깨달았습니다. 그 이유는 바로 '그들은 사람의 영광

을 하나님의 영광보다 더 사랑하였'기 때문입니다. _요한복음 12:43

선한 일을 하는 동기(즉 남들에게 기쁨이 되기 위함)가 결국 하나님과의 친밀함을 차단해버리게 됩니다.

목사이자 저자이기도 한 데이브 기번스Dave Gibbons은 최근에 한 친구가 자신을 위해 안수기도를 해준 일을 이야기한 적이 있습니다. 친구는 캘리포니아 남부의 아주 북적거리는 길거리 한복판에서 데이브의 머리에 손을 얹고 아주 큰소리로 기도했다는 것입니다. 그 길에는 아마도 데이브를 알아보는 사람들도 지나다녔을 것입니다. 한 3분쯤 흐르고 나서 데이브는 하나님께서 자신을 향해 속삭이는 음성을 들었습니다. '너는 내가 지닌 권능보다는 사람들이 너를 어떻게 생각할지에 더 관심을 쏟고 있구나.' [2]

나에게도 이와 관련된 일화가 있습니다.

내가 과연 잘하고 있는 걸까?

나는 보수적인 교회에서 자랐습니다. 화장실에 가려고 허락받을 때 빼고는 예배시간 중에 손을 드는 일이 결코 없는 그런 교회에서 말이죠.

몇 년 전, 설교자로 초대를 받아 현대적 감각의 교회를 방문한 적이 있습니다. 나는 그 교회 담임목사 바로 옆, 즉 맨 앞줄에 앉았습니다. 찬양 몇 곡을 하고 난 뒤 찬양 리더는 시편 134장 2절을 읽었습니다. "성소를 향하여 너희 손을 들고 여호와를 송축하라."

그 찬양 리더는 교회에서 손을 드는 것은 위대한 일을 향한 자연스러운 반응이라고 말했습니다. 손을 치켜드는 것은, 마치 독수리가 지상에 내려앉는 순간이나 맨체스터 유나이티드가 골을 넣는 순간에 우리가 자연스럽게 하는 행동인 것입니다. 그런데 하물며 주 안에서 새 생명을 얻음으로써 사망을 이긴 승리를 축하하는데 왜 손 올리기를 주저하는 것인지를 반문하는 것이었습니다.

찬양이 이어지는 가운데 예배당 안에 있던 사람들이 손을 들어 경배하기 시작했습니다.

첫 줄에 앉은 사람으로서 나 역시도 손을 들어야 할 것만 같았습니다. 하지만 이왕 하는 거라면 잘하고 싶었습니다. 나는 고민하기 시작했습니다. '한쪽만 들어야 하나? 아니면 둘 다 들어야 하나? 손바닥은 위로 향해야 하나 아니면 아래로 향해야 하나? 팔은 쭉 뻗는 게 좋을까 아니면 약간 구부리는 게 좋을까?' 나는 양 팔을 들어 춤추고 있는 옆에 앉은 담임목사를 그대로 따라 하고 싶지는 않았습니다.

어떻게 하면 '잘'할 수 있는지 골똘히 생각하다 보니 결국엔 엉거주춤한 자세가 나왔습니다.

나는 다양한 스타일의 경배를 즐깁니다. 하지만 나만의 손드는 법을 모색하는 데 정신이 팔린 순간 마음속에서 우러나는 경배는 그만 멈춰버리고 말았습니다.

단순한 말 이상으로

'셰인 앤 셰인 밴드'의 멤버인 셰인 에버레트Shane Everett는 찬양 인도자들이 남들을 위해서 공연하는 것이 얼마나 영적으로 더 위험한지를 이야기한 적이 있습니다. 솔직히 말해서 그는 무대 위에 서는 것이 '영혼에 미치는 암적인 위험'이라고 표현했습니다. "무대 위에 서면, 어떤 무대가 되었든지 간에 심장이 터질 듯한 흥분을 맛보게 됩니다. 믿는 자에게 이러한 흥분은 자만을 키워주고 스스로 높아지려는 마음을 심어줍니다." *3

남들 앞에 마치 하나님과 직접적으로 교감하는 듯 보이려고 엄청나게 노력하는 나머지 결국에는 자아와의 교감에 빠져버리고 만다는 말이지요.

이미지와 행동을 너무 의식한 끝에 자기 자신에게 몰입하는 것은 때로는 우리가 부르는 찬송 가사를 통해서 더욱더 증폭될 수도 있습니다. 《찬양 리더 매거진》에 실린 한 기사에서는 심지어 우리가 부르는 찬양의 가사 역시도 오직 우리를 위한 내용뿐임을 지적하고 있습니다.

다음번 찬양 시간에 노래하면서는 가사의 내용을 잘 들어보시기 바랍니다. 예수께서 어떻게 나를 용서하셨고, 나를 감싸 안아주셨고, 내가 그분의 임재를 느낄 수 있도록 만들어주셨고, 나를 강하게 만드시고, 용서하시고, 꼭 안아주시고, 만져주시고, 회복시키시는지, 기타 등등에 관한 내용입니다. 뭐 다 아름다운 내용입니다. 하지만 만일 금성에서 온 외계인이 우리를 관찰한다면 아마도 다음 둘 중 하나의 반응을 보일 것이라고 생각합니다.

우리가 살짝 맛이 간 기능장애인들이어서 충분한 허그 요법이 필요한 자들이라고 생각하거나, 아니면 우리가 믿는 종교나 영성이 다른 비기독교인들과 마찬가지로 세상사에는 무심하도록 (물질적으로라기보다는 영적으로) 이기적으로 만들었다고 생각할 것입니다. [4]

남들에게 어떻게 보이는지에 집착하는 것은 단순히 찬양하는 모습에만 국한되는 것이 아닙니다. 타인에게 인정받기 위해 행하는 선한 행위 그 자체는 바로 우리 믿음에 해로울 수 있습니다.

"저 괜찮았나요?"라는 질문은 흔히 할 수 있는 것이지만 항상 그 질문에 정직한 대답을 듣고 싶은 건 아닐 겁니다. 만일 하나님으로부터 우리가 정말 어떻게 보이는지 들을 수 있다면, 아무리 훌륭한 찬양과 예배를 드리고 있다 하더라도 하나님께서 이렇게 말씀하실지도 모른다는 생각이 듭니다. "너는 마치 사람들의 칭찬을 받기 위해서 용쓰는 어린아이처럼 보이는구나."

'뭐든지, 어디서든지' 하겠다는 아주 급진적인 성향의 신앙은 실제로 자기 사랑 또는 자기 경배의 마음에서 비롯된 것일 수도 있습니다(이러한 성찰을 가능하게 해준 내 친구 아드리안 톰슨에게 감사합니다).

내가 완벽한 설교를 전달할 수만 있다면, 내가 가장 희생적인 방법으로 섬길 수만 있다면, 노벨 평화상을 받을 수만 있다면, 내가 아이비리그의 화려한 졸업장만 받을 수 있다면…….

고귀한 것처럼 들릴지도 모르지만, 이러한 소망들은 영적인 위선일 수 있습니다. 초점의 대상이 하나님이 아니라 우리 자신에게 있기 때문입니다. 경배와 섬김의 목적은 하나님께 영광을 드리기 위함입니다. 이는 이기심의 반대 논리입니다.

타인을 도와주고 교회에서 사람들을 반갑게 맞이하는 일 등, 우리는 하나님을 위해서 훌륭한 일들을 할 수 있습니다. 하지만 이런 일들을 잠시 멈추고 스스로에게 '내가 이 일을 왜 하고 있지?' 이렇게 물어보는 것이 우리의 영적 건강을 위해 중요합니다. 남에게 보여지기 위함인가? 아니면 과분한 사랑에 응답하기 위함인가?

사과와 오렌지를 놓고 비교하기

80년대 교회를 경험한 사람이라면 아마도 '언게임Ungame'이라는 것을 해봤을 것입니다. 이 게임에는 다른 게임과 마찬가지로 보드도 있고 주사위도 있고 카드도 있지만, 한 가지 없는 것이 있습니다. 바로 승자도 패자도 없다는 것이지요. 보드게임을 하며 대화할 수 있도록 고안된 것이기 때문에 이 게임에는 특별히 시작도 끝도 없다는 게 특징입니다.

나는 이 게임을 좋아한다는 사실을 부끄러워하지 않고 인정합니다. 하지만 대부분의 친구들이나 가족들은 이해하지 못합니다. "승자가 없는 게임을 왜 해요?" 가족 휴가 때 경쟁심이 강한 처제가 물었습니다.

태생적으로 경쟁심이 있는 나 역시도 이 게임의 문제점을 잘 알고 있습니다. 승리라는 것은 한 사람을 다른 사람들보다 더 잘나게 만들어줍니다. 승리는 우리를 행동하게 만듭니다. 다른 참가자들보다 더 빨리 달리도록, 더 높게 뛰도록, 더 멀리 던지도록 만듭니다.

하지만 비교는 신앙에 있어서 매우 위험한 개념입니다. 그리고 이는 종종 이미지 관리에 적용됩니다. 우리가 남들보다 더 나아 보이면 기분이 좋아집니다.

우리는 비교를 통해서 우리가 행하는 선한 일들을 평가하곤 합니다. 나는 _____만큼 이러이러한 일들에 _____ 하지 못해. 또는 반대로 나는 _____ 보다는 이러이러한 일들을 _____ 잘하는 것 같아, 하는 식의 비교 평가입니다.

나에게는 선망하는 사람들의 리스트가 있습니다. 그중에서도 게리 하우겐Gary Haugen은 제일 첫 번째에 위치해 있습니다. 그는 우리가 사역을 시작한 그해에 동시에 국제 정의 사역International Justice Mission을 시작했습니다. 그리고 그의 사역은 우리의 사역보다 더 빠르게 엄청난 속도로 성장했습니다. 브라이언 피커트Brian Pikkert 역시 또 다른 선망의 대상입니다. 그와 나는 2009년 같은 시기에 책을 출간했는데, 그의 책은 나보다 열 배는 더 많이 팔렸습니다(그리고 지금도 계속 팔리고 있습니다). 루이스와 셜리 기글로, 젠 하트마커, 크레그 그로쉘, 크리스 시아이, 레크래, 스캇 해리슨, 앤디 스탠리 그리고 데이빗 크로우더, 이들 모두가 내 리스트에 있는 사람들입니다.

이렇게 잘나가는 사람들을 통해서 뭔가를 배우는 것은 좋은 일이지만, 단지 그들과 내 성과를 비교하는 것에 쉽사리 집착하게 될 수도 있습니다.

비교는 오만한 마음을 더욱더 증폭시킵니다. C. S. 루이스는 다음과 같이 묘사했습니다.

단순히 뭔가를 얻었다고 오만함이 생기지는 않습니다. 오직 내 옆의 다른 누군가보다 더 많이 가졌을 때에만 오만한 마음이 생깁니다. 비교는 자부심을 느끼게 만들어줍니다. 이것은 나머지 사람들보다도 내가 한 수 위에 있다는 기쁨입니다. 경쟁이라는 요소가 사라지면, 오만함 역시 사라지게 됩니다. *5

우리가 똑똑해서, 아름다워서, 또는 재능이 많아서 오만해지는 것이 아닙니다. 우리가 남들보다 더 똑똑하기 때문에, 더 예쁘고 잘생겼기 때문에, 더 재능이 뛰어나기 때문입니다. 역으로 생각하면, 우리는 머리가 그다지 좋지 않아서 불안한 것이 아니라 주변 사람들만큼 똑똑하지 않다고 생각하기 때문에 불안해하는 것입니다.

당신이 어떻게 생각하는지는 중요하지 않습니다
(내가 어떻게 생각하는지도 중요하지 않습니다)

팀 켈러 목사는 《복음 안에서 발견한 참된 자유*The Freedom of Self-Forgetfulness*》에서 오늘날 유행하는 사고방식을 소개하고 있습니다. 사람들이 당신에 대해서 말하는 것들을 믿지 않고 거부함으로써 남에게 인정받고 싶은 태도를 극복하려는 현대의 사고방식입니다. 당신만의 이상과 가치들을 창조하라. *6 그리고 남들의 판단에 귀 기울이지 말아라.

하지만 바울은 다른 시각을 가지고 있었습니다. '너희에게나 다른 사람에게나 판단받는 것이 내게는 매우 작은 일이라 나도 나를 판단하지 아니하노니 내가 자책할 아무것도 깨닫지 못하나 이로 말미암아 의롭다 함을 얻지 못하노라 다만 나를 심판하실 이는 주시니라.' _고린도전서 4:3-4

현대적인 사고방식과는 다르게, 바울은 고린도인들에게서든 자기 자신에게서든 자신의 가치를 인정받으려 하지 않았습니다. 그는 심지어 다음과 같이 고백했습니다. "나의 정신은 맑으나 이것이 나를 정결케 하지는 못합니다." 바울은 자신이 온전치 못한 자임을 인지하고 심지어 자신을 죄인 중에 '괴수'라고 지칭했습니다. *7

바울은 다음과 같이 말합니다. "너희들이 어떻게 생각하는지는 중요하지 않다. 그리고 내가 어떻게 생각하는지도 중요하지 않다." *8

켈러 목사는 다음과 같이 썼습니다.

바울은 자신이 저지른 죄악에 집착한 나머지 그 죄가 자기 정체성을 망가뜨리도록 그렇게 내버려두지 않았습니다. 그는 죄와 정체성을 연결해서 보지 않았습니다. 또한 자신이 이룬 성과만을 집중해서 보지도 않았고, 그것을 축하하지도 않았습니다. 그는 자신 안에 있는 모든 죄악과 그가 이룬 모든 성과들을 보았습니다. 하지만 그 모든 것들을 그 자신 또는 그의 정체성과 결부시키는 것을 거부했습니다. 따라서 자신이 모든 죄인들 가운데 가장 우두머리임을 알면서도 이러한 사실 때문에 부름 받은 선한 일들을 하는 데 망설이지 않았습니다. [*9]

오늘날 하나님께서는 더 이상 타인에게 잘 보이려고 애쓰는 행위를 멈추라고 말하십니다. 뭔가를 '너무 잘하려고 애쓰는 태도'로부터 자유로워지기 바랍니다. 대신 예수께서 '너무 잘하셨으므로' 우리는 그분의 사랑을 받는 자임을 기억하기 바랍니다. 온전히 그분의 의로우심을 입는다면, 우리는 그의 왕좌 앞에 흠 없이 설 수 있을 것입니다.

그분의 특별하신 사랑에 흠뻑 빠져들게 되면, 남들의 생각에 신경 쓸 시간조차 없게 됩니다.

논의할 질문

1. 요한복음 12장 42-43절을 읽으십시오. 남들에게 인정받기를 원하는 마음은 하나님의 일을 하는 이들에게 어떻게 영향을 미칩니까?

2. 당신이 생각하기에, 당신은 남들에게 인정받고 싶은 유혹 앞에 나약한 존재라고 생각하십니까? 왜 그렇게 생각하나요?

3. 당신은 삶의 어떤 영역에서 스스로를 남들과 비교하나요? 그렇게 하면 보통 긍정적인 기분이 듭니까? 아니면 부정적인 기분이 듭니까?

4. '당신이 어떻게 생각하는지 중요하지 않습니다. 내가 어떻게 생각하는지도 중요하지 않습니다.' 이것은 자기 이미지 관리에 관한 바울의 생각을 잘 정리한 말입니다. 어떻게 하면 이러한 태도를 통해 남들의 인정을 갈구하는 마음에서 자유로워질 수 있을까요?

찬양 리더인 척 깁슨Chuck Gibson 이 말하는,
찬양 예배를 드릴 때의 위험에 대한 설교를 듣고 싶으신 분들은
www.peterkgreer.com/danger/chapter14을 방문해보시기 바랍니다.

경배와 섬김의 목적은 하나님께 영광을 드리기 위함입니다.
타인을 도와주고 교회에서 사람들을 반갑게 맞이하는 등
우리는 하나님을 위해 훌륭한 일들을 할 수 있습니다.
하지만 이런 일들을 잠시 멈추고 스스로에게
'내가 이 일을 왜 하고 있지?' 반문하는 것이 중요합니다.
남에게 보여지기 위함인가?
아니면 과분한 사랑에 응답하기 위함인가?
하고 말이지요.

꽉 찬 머리와 텅 빈 가슴

아는 것과 행함이 분리될 때의
영적인 위험

15

A Full Head and an Empty Heart

너는 마음을 다하고 뜻을 다하고 힘을 다하여 네 하나님 여호와를 사랑하라

• 신명기 6:5

르완다에서 지내는 동안 나는 대학원에 진학할 생각을 하고 있었는데 마침 하버드 대학의 입학 사정관이 아주 우연히도 키갈리를 방문하게 되었습니다. 얼마나 대단한 기회입니까?

친구 폴리Polly를 통해서 이메일로 인사를 나눈 우리는 밀 콜린 호텔에서 만났습니다. 로비에서 커피를 마시며 약 30분간 대화를 나눈 뒤 그는 하버드에 지원해볼 것을 권유했습니다. 내 성적표를 본 적도 없지만 어떤 이유에서인지 그는 충분히 가능성이 있으며 어쩌면 장학금까지도 노려볼 수 있겠다고 말했습니다.

나는 그의 격려에 크게 고무되어서 지원서와 에세이를 빠르게 써 내려갔습니다.

하지만 여전히 대학원 입학 자격 시험(GRE)이라는 험난한 과정이 남아 있었습니다. 이 시험은 미국 대사관에서 일 년에 두 번만

치를 수 있기 때문에 나에게는 지원 마감일 전까지 단 한 번의 시험 기회가 있을 뿐이었습니다.

시험날, 나는 대사관에 가서 창문 옆자리에 앉았습니다. 그리고 다른 40여 명의 응시자들과 함께 시험을 치르기 시작했습니다. 그런데 몇 분이 지나지 않아 창밖에서 귀청이 떨어질 듯한 망치질하는 소리가 들려왔습니다. 머리 속이 새하얘지는 기분이었습니다.

"높은 점수를 받아야 해. 높은 점수를 받아야만 해……" 계속 중얼거리며 문제를 풀어나가려고 했습니다. 긴장은 더 높아만 갔습니다. 문제 풀이 실력이 급격히 떨어지는 기분이었습니다.

설상가상으로, 시간을 측정하던 시험 감독관은 나중에서야 자기 시계가 고장 났다는 사실을 실토했습니다. 그 때문에 실수로 수학 부분을 원래 시간보다 10분이나 더 빨리 마감했던 것입니다.

시험을 부랴부랴 마치고 나서 밖으로 걸어나오며 두 손을 치켜들고 이런 생각에 잠겼습니다. '하나님, 시험은 완전히 망했습니다. 만약 제가 입학하길 원하신다면 아마 기적을 일으켜주셔야 할 겁니다. 제 점수는 최소 조건에도 못 미칠 것이 분명하거든요!'

예상했던 대로 나는 최소 점수에도 못 미쳤습니다. 대학원을 향한 꿈은 물거품처럼 사라졌습니다. 이윽고 나는 플랜 B를 생각하기 시작했습니다. 그런데 몇 개월 뒤, 하버드로부터 페덱스 소포가 도착했습니다.

거절 편지는 보통 페덱스 소포로 발송되지는 않습니다. 소포를 뜯어보니, 첫 번째 편지는 내가 합격했다는 소식이었습니다. 그 뒤로 이어지는 두 번째 편지에서는 내가 전액 장학금은 물론 연간 생활비도 지원받을 것이라는 내용이 적혀 있었습니다. 뭐라고? 하버드에 다닐 수 있도록 돈까지 대준단 말이야?

나는 본래 감정적인 사람이 아닌데, 그 순간만큼은 눈물이 가득 고인 채 하늘을 올려다보며 "감사합니다"를 외치지 않을 수 없었습니다.

나는 하나님의 방법에 대해서 잘 알지 못합니다. 하지만 입학 사정관이 때마침 키갈리를 방문했고 낮은 점수임에도 불구하고 합격했다는 것은, 분명 하나님께서 처음부터 이 일에 개입하셨다는 증거일 것입니다. 앞으로 캠브리지 타운에서 멋진 사람들과 함께 공부하며 보낼 2년이라는 시간은, 하나님께서 주신 엄청난 선물이라는 걸 알고 있었습니다.

내가 합격할 수 있도록 주님께서 택하셨던 방법은 나로 하여금 이 모든 일들을 나 혼자서 해낸 것이 아니라는 사실을 계속해서 상기하도록 해줍니다. 이는 좋은 학교에서 고등 교육을 받는다는 것에 대한 자만심에서 나를 지켜줄 보호장치 역할을 합니다.

오늘날 우리는 엄청나게 교육을 강조합니다. 학위는 길을 열고

닫기도 하는 문과 같습니다. 이러한 인식은 교회에까지도 흘러 들어왔습니다. 우리는 예수께서 살아 계실 당시 소위 배웠다는 대부분의 학자들로부터 어떤 강한 인상도 받은 적이 없다는 사실을 망각한 채, 무심코 우리의 교육 수준과 지식을 자랑합니다. 지식은 우리의 자아를 부풀리는 경향이 있습니다. 예수께서는 우리가 지식을 이용해서 실제로 무엇을 행하느냐에 더욱 관심을 두십니다.

선한 사람들

그들은 성경 공부의 리더들이었습니다. 종종 아주 오랜 기간 동안 금식하고 기도하기를 주저하지 않는 열정적인 사람들이었습니다. 항상 교회에 거하며, 다른 누구보다도 율법을 가장 잘 암송할 수 있는 자들이었습니다. 하지만 이들은 어떤 이유 때문인지, 예수께 가장 심한 비난을 들었던 사람들이기도 합니다.

바리새인들의 모습을 보면, 우리가 지나치게 높은 교육을 받게 되면 얼마나 쉽게 주님 앞에 순종하지 않는지를 알 수 있습니다. 가히 견줄 데 없는 지식을 가졌던 그들은 정작 사랑을 실천하는 삶을 사는 데는 실패하고 말았습니다.

바리새인들은 자신들의 나라가 하나님을 등지고 있다고 믿었습니다. 그래서 그 나라를 다시 주님 앞으로 되돌리려고 했지요. 한 나라의 영혼을 재건시키는 데 초점을 맞춰, 영적 건축가로서 선지자 에스라를 추종했습니다. 에스라는 '여호와의 율법을 연구하여 준행하며 율례와 규례를 이스라엘에게 가르치기로 결심한' 사람이었습니다. _에스라 7:10

더욱 열성적으로 하나님을 따르고자 이들은 모든 삶의 영역에 신앙을 적용시켰습니다. 소수 그룹이었지만 이들은 나라에 지대한 영향력을 행사했습니다.

열성으로 율법을 탐구하며, 남들과 다른 옷을 입고, 도덕적인 생활양식을 철저하게 따르며, 스스로를 남들로부터 분리시킨 이들은 매우 '독실한' 사람들로 비쳐지기를 원했습니다. 하나님께 열광적으로 충성을 다하려 했던 이들은 율법을 공부하면서 엄청난 양을 구절들을 통째로 외웠습니다.

이들은 극소수의, 매우 자신감 넘치는 사람들, 즉 바리새인들이었습니다.

일생 동안 경건한 삶을 추구하며 살았고 필적할 수 없는 방대한 율법 지식을 쌓는 데 헌신했음에도 불구하고, 세례 요한은 이들을 '독사의 자식'이라고 불렀습니다. _마태복음 3:7 예수님도 역시이들을 '회 칠한 무덤'과 같다고 비판하며 "뱀들아 독사의 새끼들아 너희가 어떻게 지옥의 심판을 피하겠느냐"라고 외치며 이들을 꾸짖었습니다. _마태복음 23:27,33

누구보다도 성경을 잘 알았던 바리새인 집단이 어떻게 이렇듯 잘못된 길로 들어설 수 있었던 것일까요? 올바른 답을 다 알고 있다고 생각했던 이 율법의 전문가들은 '지기 어려운 짐을 사람에게 지우고 너희는 한 손가락도 이 짐에 대지 않는' 자들이었습니다. _누가복음 11:46

예수님께서는 머리 속 지식만으로는 충분치 않다고 분명히 말씀하십니다.

머리, 가슴, 두 손

고든 콘웰 신학 대학의 학장이자 나의 친구인 데니스 홀링거 Dennis Hollinger는 《머리, 가슴, 손: 지성, 열정, 행동을 통합하는 신앙 Head, Heart and Hands: Bringing Together Christian Thought, Passion and Action》이라는 책을 썼습니다. 그는 개인적으로 신학 자체에 관심이 있는 사람들과 기독교 변증론을 확실히 이해하는 사람들이 머리로 믿는 신앙을 고수하는 경우가 있다고 말합니다. 가슴으로 믿는 신앙을 가진 사람들은 보통 말로 설명하기 힘든 감정적인 순간을 경험하는 사람들로, 이들은 사색하고 명상하는 경향이 있다고 합니다. 그리고 행동으로 옮기는 사람들, 정의를 실현하는 데 일조하는 사람들은 두 손으로 믿는 신앙을 가진 경우가 많다고 합니다.

그는 서로 다른 각각의 신앙은 필수적이며 믿음을 표현하는 세 가지 다른 측면이 골고루 균형을 이루지 못하는 교회는 한쪽으로 치우친 교회라고, 책을 통해서 말합니다.

배움을 강조하지 않은 채 '행함'에만 초점을 맞추게 되면 탄탄한 기본기를 잃게 됩니다. 이런 이유로 나는 우리가 하나님을 좀 더 분명히 이해할 수 있도록 그리고 성경을 더욱 깊이 파고들 수 있도록 도와주는 학자들, 신학자들, 교수들에게 감사합니다. 우리가 원문의 맥락을 더욱 잘 이해하게 되면, 성경 구절은 살아 있는 말씀처럼 다가오고 삶에 더 큰 영향력을 미치게 됩니다.

하지만 오늘날까지도 풍부한 성경적 지식을 가지고 있고 많은 성경 구절을 암송하고 있다는 자부심은 복음에 방해가 됩니다.

어느 화요일 저녁, 한 교회의 사역 팀을 대상으로 우리 기관이 하는 일에 대해서 프레젠테이션을 해달라는 부탁을 받았습니다. 그 당시는 중앙 아시아의 폐쇄된 나라들을 대상으로 사역을 확장해나가고 있을 때였는데, 그 교회의 중심 사역지를 보니 괜찮은 파트너라는 생각이 들었습니다.

미팅은 순조롭게 진행되었습니다. 그들이 우리의 종말론적 입장에 대해서 질문하기 전까지 말입니다.

나는 매우 놀랐습니다. 우리가 섬기는 그 나라는 인구의 1퍼센트 미만이 예수를 따르는 곳이었습니다. 이렇게 폐쇄적인 나라에서 예수님의 말씀을 전달하는 데 종말론을 강조하는 것이 과연 바람직한 접근법일까 의문이 들었습니다. 그 외의 다른 측면에서는 모두 동일한 입장이긴 했습니다만.

결국 파트너십은 맺어지지 않았습니다. 그 교회를 걸어나오며 이들에 대해 두 가지 생각이 들었습니다.

하나는 이들은 지금까지 만나본 사람들 중에서 가장 똑똑하고, 가장 건전한 기독교 교리를 지닌 사람들이었습니다. 다른 하나는, 물론 교리를 준수하고자 하는 헌신은 이해할 수 있었으나 이들은 뭔가 큰 그림을 보지 못하는 사람들처럼 보였습니다.

자신들과 100퍼센트 동일한 교리를 가지고 있지 않은 단체와는 어떤 파트너십도 맺지 않으려고 했습니다(여러분이 짐작할 수 있듯이, 이들은 매우 소수의 사역 단체만을 후원합니다).

교리에 대한 집착은 예수님의 사랑을 간절히 보고 싶어 하는 나라들에게 실제로 사랑을 나눠주고 보여주는 일에서 자신들을 철저히 차단시키고 있습니다. 도움이 필요한 나라에 영향력을 끼칠 수 있는 여러 기회들로부터 스스로를 차단하고 있는 것입니다.

모든 것을 다 주고 가신 그분을 온전히 알기

예수님이야말로 궁극적으로 '모든 것을 다 알고 있는 자'로 통할 수도 있었습니다. 하나님의 아들로서, 영적인 지식을 무기로 사용해 권력을 얻을 수도 있었습니다. 하지만 예수께서는 진리의 목적은 바로 사람들에게 은혜를 가르쳐주기 위함임을 알고 계셨습니다. *1 희생 없는, 사랑 없는 지식은 텅 빈 지식입니다.

교회는 지식을 실천으로 옮기는 데 어려움을 겪곤 합니다. 고린도 교회를 예로 들어보겠습니다. 세속적으로 봤을 때 고린도 교회 교인들은 잘 교육받은 사람들이었고 스스로를 현명하고 영적으로 성숙하다고 여겼습니다. *2

하지만 바울은 이들의 자부심에 일침을 놓았습니다. 그는 그들을 향해 말했습니다. 하나님께서는 신학적인 기량 때문에 당신들을 선택하신 것이 아닙니다. 오히려 그다지 인상적인 사람들이 아니어서 선택된 것입니다. 하나님께서는 당신의 왕국 일을 하는 데 있어서 기대하지 않은, 별로 인상적이지 못한, 비천한 사람들을 사용하십니다.

바울은 또 말했습니다.

그러나 하나님께서 세상의 미련한 것들을 택하사 지혜 있는 자들을 부끄럽게 하려 하시고 세상의 약한 것들을 택하사 강한 것들을 부끄럽게 하려 하시며

하나님께서 세상의 천한 것들과 멸시받는 것들과 없는 것들을 택하사 있는 것들을 폐하려 하시나니

이는 아무 육체도 하나님 앞에서 자랑하지 못하게 하려 하심이라.

_고린도전서 1:27-29

올바른 균형

영적으로 교만하게 되면 하나님의 왕국을 건설하는 데 선택되지 못할 가능성이 크다는 사실을 잊지 맙시다. 그렇게 생각하면 우리가 모든 답을 다 알고 있는 것처럼 행동하는 것을 멈추게 되고, 그 대신 말로는 설명할 수 없는 불가사의함과 경이로움을 더욱 더 경험할 수 있게 됩니다.

　뜨거운 가슴이 동반되지 않은 차가운 머리는 신앙에 있어서는 위험 요소입니다. 더 많은 지식과 더 깊은 통찰력과 함께 더 큰 사랑과 나눔과 희생의 삶을 살아가는 삶! 우리는 이러한 새로운 삶에 걸어 들어감으로써 영적인 위험을 피할 수 있습니다.

논의할 질문

1. 우리는 종종 머리(지식), 가슴(감정), 두 손(행함) 같은 신앙의 요소들 중 어느 하나에 더 많이 치중하곤 합니다. 당신은 대부분 어떤 방식으로 신앙을 표현하는 편입니까?

2. 기독교 공동체가 신앙의 표현 방식 중 오직 한 가지에만 초점을 맞춘다면 어떤 일이 발생하게 될까요?

3. 하나님께서는 예기치 못한 사람을 예기치 못한 방법으로 사용하십니다. 하나님께서 당신을 예기치 못한 방법으로 사용하신 적이 있으십니까?

홀링거 박사가 《머리, 가슴, 손: 지성, 열정, 행동을 통합하는 신앙》에 대해서 이야기한 내용을 듣고 싶으시다면
www.peterkgreer.com/danger/chapter15을 방문해주시기 바랍니다.

희생 없는, 사랑 없는 지식은 텅 빈 지식입니다.
하나님께서는 당신의 왕국 일을 하는 데 있어서 기대하지 않은,
별로 인상적이지 못한, 비천한 사람들을 사용하십니다.
뜨거운 가슴이 동반되지 않은 차가운 머리는 신앙에 있어서는 위험 요소입니다.
더 많은 지식과 더 깊은 통찰력과 함께
더 큰 사랑과 나눔과 희생의 삶을 살아가는 삶!
우리는 이러한 새로운 삶에 걸어 들어감으로써 영적인 위험을 피할 수 있습니다.

남성 메이크업

완벽한 척 행동할 때의
영적인 위험

16

오만함은 우리를 거짓되게 만들고, 겸손함은 진실되게 만든다.

• 토머스 머튼Thomas Merton

지난 봄 열린 리더십 컨퍼런스 도중 무대 뒤 강연자 대기실에 있었을 때입니다. 그곳에는 맛이 기가 막힌 구운 아몬드와 음료, 그리고 회의 영상을 계속해서 중개하는 TV 여러 대가 놓여 있었습니다. 대기실에서 아몬드를 한 주먹 움켜쥐고 나와 모퉁이를 돌아 걸어가는데, 강연자 한 사람이 복도에서 전화하고 있는 소리가 들렸습니다.

나는 마치 무대 뒤에 익숙한 사람처럼 보이기 위해서 아무렇지 않은 듯 그를 향해 걸어갔습니다. 그런데 가까이 갈수록 불과 몇 분 전에 무대 위에서 본 얼굴과는 많이 다르다는 걸 느꼈습니다. 뭔가가 이상했습니다. 하지만 그 이유를 정확히 알 수 없었습니다.

그러다 갑자기 깨달았습니다. 남성 메이크업! 그분은 확실히 화장을 한 상태였던 것입니다. 그것도 아주 진하게 말이죠! 가무 잡잡하게 그을린 황금색 피부는 주말 요트여행 때문에 그리 된 것이 아니라, 그저 어두운 색상의 파운데이션을 사용했기 때문이 었죠. 그 사실을 알아차린 나는 되도록 그를 안 보려 애썼습니다.

화장은 강연할 때 얼굴에만 하는 것이 아닙니다. 우리가 선한 일을 하는 사람처럼 보이기 위해서는 우리의 화려한 평판에 흠집 을 내는 오점이 없어야 합니다. 그래서 우리는 모든 것을 다 갖춘 사람처럼 보이기 위해 필사적으로 노력합니다. 우리에게 화장은 선택이 아니라 필수입니다(솔직히 말해서 저도 구운 아몬드 한줌과 또 다 른 강연 기회를 위해서라면 메이크업하는 걸 마다하지 않을 것입니다).

삶 속에서 우리는 별로 떳떳하지 못한 부분에 화장을 덧입히기 쉽습니다. 무대 중앙에 서기 위해 화장할 기회는 그리 흔하지 않 지만, 나를 거의 매일 보는 사람들 앞에 화장하고 나타나는 일은 매우 빈번히 일어납니다. 우리는 스스로가 알고 있는 자신의 이 미지와는 전혀 다른 외부용 이미지를 만들어냅니다. 엄청난 두께 의 화장으로 얼굴을 덮으면 어색해 보이듯이, 마치 완벽한 사람 인 양 행사하는 것은 결국 우리에게 해롭습니다.

예수께서는 독실한 체하는 종교인들을 향해 그들의 화장을 비 난하셨습니다. 예수는 그들이 '회 칠한 무덤' 같다고 말씀하셨습 니다. _마태복음 23:27 밖에서 보면 그들은 좋은 사람들처럼 보였지 만 겉모습과 내면에는 큰 차이가 있었습니다. 그들의 내면은 이미 죽어 있었습니다.

반영구 화장

캄보디아는 내가 국제 개발 사역을 시작한 첫 나라였습니다. 수도인 프놈펜에서의 첫 날, 나는 그 문화에 어울리고 싶었습니다. 본사로 향하는 주소를 숙지한 뒤 나의 모페드(모터와 페달을 갖춘 자전거의 일종. 오토바이처럼 동력을 이용하거나 페달을 밟아 달린다- 옮긴이)에 올라타 북적이는 시장 거리를 달렸습니다. 다만 핸드 브레이크가 고장 나 있다는 사실을 몰랐던 것이 문제였지요.

도로를 꽉 메운 차량들이 일제히 빨간 불에 멈추어 섰습니다. 시속 30마일로 달리던 나 역시도 멈추어야 했습니다. 핸드 브레이크를 마구 당겼지만 속도는 줄지 않았습니다.

나는 마치 만화 영화 캐릭터처럼 발을 구르며 멈춰보려고도 했지만 발이 바닥에 닿는 순간 중심을 잃고 말았습니다. 쾅! 나는 과일 장수의 수레를 들이받고는 모페드에서 떨어져 바닥에 대자로 뻗었습니다. 과일들은 이곳 저곳으로 마구 굴러다녔습니다. 내 손과 무르팍은 빨갛게 과일 물이 들었습니다.

하지만 아픔을 느낄 겨를이 없었습니다. 벌떡 일어서는 사이 온통 **누가 나를 보진 않았을까?**라는 생각뿐이었던 것이지요. 뼈가

부러졌건, 셔츠가 피로 물들었건 상관없었습니다. 제발 사람들이 나를 보지 못했기만 바랄 뿐이었습니다(슬픈 현실은, 모페드도 운전할 줄 모르는 우스꽝스런 외국인을 보려고 이내 군중들이 떼로 몰려들었다는 겁니다)!

나라는 사람이 그렇습니다. 그리고 주변에 선한 일을 한다는 사람들을 봤을 때 그들도 나와 비슷한 모습입니다. 내적 고통이 얼마나 심한지와는 상관없이 겉으로는 멋있는 모습을 유지하길 원합니다.

모페드 충돌 사고야 금세 치유될 수 있을 것입니다. 하지만 마음의 내부에 초점을 맞추는 대신 외부적으로 비춰지는 모습에 초점을 맞추는 영적인 위험으로부터 회복되려면 아마도 오랜 시간이 걸릴 수 있습니다. 나는 지금도 여전히 나의 오점을 감추고 싶습니다. 여전히 완벽한 사람인 척합니다. 나는 여전히 사람들에게 사랑받고 싶어 합니다.

내 마음 가운데 위험한 거짓말이 깔려 있습니다. '내가 화장을 하게 되면 즉 오점을 감추게 되면, 내가 하는 사역은 더욱 번창하게 될 거야.' '만약 사람들이 내 부족함을 알게 되면, 그들은 나와 내가 하는 사역도 마음에 들어 하지 않을 거야.'

나는 스스로에게 이렇게 말합니다. '나는 **하나님의 사역을 위해 이렇게 하는 것뿐이야.**' 하지만 이는 복음이 가진 힘, 즉 삶을 뒤바꾸어놓는 말씀의 힘을 과소평가하는 거짓된 자기 기만에 불과합니다.

화장을 한 교회

하나님은 완벽해 보이는 교회에 관심이 없으십니다. 요한계시록에 등장하는 일곱 교회 중 하나인 라오디게아 교회를 예를 들어봅시다.

라오디게아는 다른 어느 교회보다도 큰 영향력을 지닌 교회였습니다.

이곳은 부유한 곳이었습니다. 라오디게아라는 도시는 상인들이 돈을 거래하는 중심지였기 때문에 교회는 변화를 주도할 만한 재원을 가지고 있었습니다. **라오디게아에는 인적 자원이 풍부했습니다.** 이곳 교회의 신도들은 모두 재능과 매력이 넘치는 사람들이었습니다. 교회 근처에는 의과 대학이 있었고 또한 사업가들이 넘쳐났습니다(라오디게아는 의류 무역으로도 유명한 곳이었습니다). 이곳은 또한 **문화적으로도 탁월한 지역이었습니다.** 통상로의 거점에 위치했기에 서로 다른 문화의 교류가 이루어지는 중심지였습니다.

하지만 문제가 있는 곳이기도 했습니다.

이 도시에는 단 한 가지 큰 흠이 있었는데, 바로 물이었습니다.

유적지를 가보면 여전히 석회질이 가득한 파이프를 볼 수 있습니다. 라오디게아에는 미네랄 수치가 높은 온수만 공급되었습니다. 마치 니켈과 같은 맛이 나는 미지근한 물만 마실 수 있었던 것입니다.

예수께서는 라오디게아 교회를 이러한 물에 비유하셨습니다. 교회는 바깥에서 봤을 때 모든 것을 다 갖춘 완벽한 곳으로 비춰졌습니다. 하지만 예수께서는 그 안을 들여다보시고는 건강해 보이는 바깥 모습과는 확연히 다른 내부를 발견하셨습니다.

예수님은 다음과 같이 말씀하셨습니다. "네가 이같이 미지근하여 뜨겁지도 아니하고 차지도 아니하니 내 입에서 너를 토하여 버리리라." _요한계시록 3:16

완벽한 척하는 교회나 사람들은 하나님을 구토하고 싶도록 만듭니다.

씻어내기

몇 년 전, 로렐과 내가 결혼 생활의 바닥을 찍을 즈음에 한 남자가 내게 자신의 결혼 생활 문제에 대해서 털어놓은 적이 있습니다.

나 역시 엄청나게 많은 문제를 갖고 있다는 사실을 자백하는 대신, 나는 앉아서 그의 이야기를 들었습니다. 최악이었던 것은 바로 내가 조언까지 해줬다는 사실입니다.

돌이켜보면 그 당시 나에게 꼭 들어맞던 속담이 있습니다. '의사들이여 스스로나 치료하세요(너나 잘하세요).' 나도 그처럼 절실히 도움이 필요했지만, 비슷한 처지에 놓인 내 결혼 생활에 대해 이야기하는 대신 모든 것이 다 잘되고 있는 척 행세했습니다.

결국 친구와 나 자신에게 몹쓸 짓을 하고 말았던 것이지요. 나는 근래에 들어서 모든 것이 다 잘되는 척 행세하기를 그만두었을 때 누리게 되는 자유에 대해서 알기 시작했습니다. 만약 당신이 나와 함께 시간을 보낸다면 내가 이 책 전반에 걸쳐 묘사한 영적인 위험에 얼마나 자주 빠지는지 보게 될 것입니다.

- 타인의 죄를 지적하는 것이 위험한 줄을 알면서도, 나는 여전히 내 죄는 보지 못하고 있습니다.
- 사역을 애인으로 삼을 때의 위험을 알고 있으면서도 나는 여전히 과도한 프로젝트를 맡아 하느라 가족 행사를 놓치곤 합니다.
- 세속적인 문화 속에서 우리가 성공이란 것을 잘못 인지하고 있다는 것을 알면서도, 나는 여전히 성장률 수치에 집착하곤 합니다.
- 새벽 3시 친구들의 중요함을 알면서도, 그들을 우선순위에 두지 않을 때가 있습니다.
- 고난의 시간을 통해 타인을 섬길 수 있는 기회를 얻을 수 있다는 것을 알지만, 나는 여전히 남들 앞에서 뽐낼 수 있는 기회를 더 많이 원하고 있습니다.

- 거룩함과 세속적인 것을 구분하는 것이 어리석다는 것을 알지만, 나에게는 여전히 사회의 각 영역에 걸쳐 하나님을 섬기는 교회보다는 글로벌 선교와 사역을 더 높이 사려는 경향이 있습니다.
- 삶에서 선지자의 말을 듣는 것이 얼마나 중요한 일인지 알지만, 나는 여전히 사람들이 내가 듣고 싶어 하는 말을 해주길 원합니다.

이러한 목록은 계속 이어집니다.

당신이 만약 선한 일을 할 때 마주칠 수 있는 영적인 위험을 분별할 수 있는 사람이라면, 기쁜 소식은 바로 하나님께서는 당신이 완벽하지 않은 사람임을 이미 알고 계신다는 것입니다. 당신은 당신의 노력으로 은혜를 받은 것이 아닙니다. 그분께서 거저 주신 것입니다. 당신이 할 일이라고는 단지 당신이 실수투성이라는 것을 인정하는 일입니다. 잘난 척하는 위선은 이제 그만두십시오.

"나는 이미 망가졌다"라고 인정하고 나서, 나는 여태껏 느껴본 적이 없던 자유로움을 느꼈습니다. 내가 완벽하지 않다는 것을 고백하는 것은 또한 예수 그리스도의 권능을 인정하는 것입니다. 뮤지션 태드 코크렐Thad Cockrell은 "강한 자들은 분열하고 약한 자들은 연합한다"라고 말했습니다. *1

가면을 벗으면 그 안에는 아름다운 무언가가 있습니다. 우리 안에 깨어짐은 우리를 하나 되게 합니다. 연약한 서로를 향해 진정한 연민을 내비침으로써, 그리고 그리스도를 위해 투쟁하는 삶을 살도록 서로를 강하게 만듦으로써, 우리는 서로를 보살펴줄 수 있습니다.

그렇다면 화장 아래 가려진 추악한 얼굴을 어떻게 손볼 수 있을까요? 우리에겐 두 가지 선택이 있습니다. 계속 완벽한 것처럼 행세하든가 아니면 실수투성이라는 사실에 좀 더 정직해지는 것입니다.

마이크 포스터Mike Foster는 한 가지 실험을 해보았습니다. 사람들에게 일어나서 바로, 샤워하기 전에, 그리고 화장하기 전에 사진을 찍어보라고 했습니다. 그 사진들 속에는 까치집처럼 흐트러진 머리와 여드름이 있습니다. 또한 설거지하기 전의 주방, 아침을 먹다 흘린 자국이 있는 바닥의 사진도 찍어보라고 했습니다. 그리고 그 사진들을 주변 사람들에게 보여주라고 말합니다. 추측하건대 당신은 사람들이 내쉬는 안도의 한숨을 여러 번 듣게 될 것입니다. 그들은 항상 자기를 뺀 나머지 사람들은 모두 완벽해 보인다고 생각해왔을 테니까요.

구약에서 다윗은 자신의 내면에 어떤 악한 방식이 있는지 알아차리기 위해 자신을 '살피시고' '시험해달라고' 하나님께 주기적으로 요청하곤 했습니다. _시편 139:23-24 다윗은 하나님께서 그의 번지르르한 외관을 파괴하시고 내면의 죄악에 눈뜨도록 만드시기를 원했습니다.

완벽한 척하기를 그만둔다면 우리는 치유와 회복에 더 가까이 다가갈 수 있을 것입니다.

내면을 점검했을 때 만일 타인이 보는 모습과 다른 모습을 발견하거나, 나와 하나님과의 관계가 미지근한 걸 발견했다 해도 걱정하지 않아도 됩니다. 하나님께서는 우리에게 놀라운 제안을 하셨기 때문입니다. 하나님은 라오디게아 교회를 향해 제안하셨던 것을 우리에게도 동일하게 제안하십니다. "볼지어다 내가 문 밖에 서서 두드리노니 누구든지 내 음성을 듣고 문을 열면 내가 그에게로 들어가 그와 더불어 먹고 그는 나와 더불어 먹으리라."

_요한계시록 3:20

지금이 바로 하나님께 문을 열고 스스로 완벽한 체하는 것을 멈출 때입니다. 지금이 바로 난장판인 주방보다 우리 마음이 더욱더 난장판이라는 사실을 인정할 때입니다. 예수께서는 우리의 실패, 수치심, 비밀, 오점에 개입하길 원하십니다. 또한 상처받은 마음에 위안을, 낙담한 마음에 희망을 주시고, 굴욕 당한 우리를 받아주려 하십니다.

당신은 당신 그대로의 모습으로 사랑받을 수 있습니다.

논의할 질문

1. 우리가 '화장'을 하는 이유는 무엇일까요? 또는 모든 걸 다 갖추고 있는 척하는 이유는 무엇일까요?

2. 어떻게 하면 좀 더 솔직해질 수 있을까요? 그리고 일상 속의 번잡함을 어떻게 하면 더욱더 잘 관리할 수 있을까요?

3. 삶에서 겪는 좌절과 나약함을 통해 우리는 어떤 방식으로 더욱더 하나님을 의지하게 될까요?

라오디게아와 현대의 교회에 대해서 강연한 영상을 보시고 싶다면
www.peterkgreer.com/dnager/chapter16을 방문하시기 바랍니다.

하나님께서는 당신이 완벽하지 않은 사람임을 이미 알고 계십니다.
당신은 당신의 노력으로 은혜를 받은 것이 아닙니다.
그분께서 거저 주신 것입니다.
당신이 할 일이라고는 단지
당신이 실수투성이라는 것을 인정하는 일입니다.
잘난 척하는 위선은 이제 그만두십시오.
가면을 벗으면 그 안에는 아름다운 무언가가 있습니다.
우리 안에 깨어짐은 우리를 하나 되게 합니다.
연약한 서로를 향해 진정한 연민을 내비침으로써
그리스도를 위해 투쟁하는 삶을 살도록 서로를 강하게 만듦으로써
우리는 서로를 보살펴줄 수 있습니다.

유턴
(YOU-TURN)

17

You-Turn

또한 모든 것을 해로 여김은 내 주 그리스도 예수를 아는 지식이
가장 고상하기 때문이라 내가 그를 위하여 모든 것을 잃어버리고
배설물로 여김은 그리스도를 얻고 그 안에서 발견되려 함이니

• 바울 (빌립보서 3:8-9)

✦

대학교 2학년이었을 때, 나는 아주 특별한 프랑스인 아미아드 Amiards 가족과 함께 파리 개선문 근처에 위치한 그들의 집에서 여름을 보냈습니다. 샹젤리제에서부터 루브르 박물관까지 구불구불하게 이어지는 길을 수놓은 우아한 불빛을 따라 저녁마다 산책을 하곤 했습니다. 오르세 박물관에도 가고 노트르담 근처도 걸었습니다. 하지만 관광지 주변을 다 섭렵한 뒤, 나는 유명하진 않아도 현지인들이 자주 찾는 곳들을 발견하는 데 더 큰 재미를 느꼈습니다. 파리지앵들과 섞이기 위해 최선을 다하고 싶었던 나는 나의 미국 억양도, 관광객용 스니커즈 신발도 버리려고 했습니다.

나는 파리지앵의 라이프 스타일을 마스터했다고 생각했습니다. 하지만 가족과 함께하는 여행 도중 내 수준이 얼마나 형편없는지를 깨달았습니다. 그해 여름의 끝자락에 미국에서 가족들이 나를 방문했습니다. 새로 습득한 유러피언식의 세련된 라이프 스타일을 자랑하고 싶었던 나는 완벽한 투어 가이드가 되기로 작정하고 부모님과 형제들을 이끌고 파리를 돌아다녔습니다. 모든 게 순조롭게 흘러갔습니다. 우리는 스위스 국경 지대에 위치한 한 선교사 가정을 방문하러 갈 참이었습니다.

식구들을 갸르 두 노드Gare du Nord 기차역으로 데리고 가 티켓을 구매하면서 나는 불어 실력을 한껏 뽐냈습니다. 기차는 20분 뒤에 출발할 예정이었습니다. 가족들이 모두 앉아서 쉬고 있을 때 나는 기차역 베이커리로 가서 여행 중에 먹을 바게트를 샀습니다. 매우 사려 깊은 투어 가이드 역할을 하기 위해서였죠. 갓 구운 신선한 빵 내음을 맡으며 계산하려고 하는데 갑자기 기차가 떠나는 것이었습니다. 나는 빵을 재빨리 집어 들고 막 속력을 내기 시작하는 기차에 가까스로 올라탔습니다. 그리고 안도의 한숨을 쉬었습니다. 그런데 주변을 둘러보니 가족들이 보이지 않았습니다. 나는 다음 칸을 살펴보았습니다. 그곳에도 없었습니다. 계속해서 다른 칸들을 구석구석 살펴본 나는 마침내 나 혼자서 잘못된 기차에 올라탔다는 것을 깨달았습니다. 내게는 여권도 핸드폰도 없었고, 오직 갖고 있는 것이라곤 바게트 봉지뿐이었습니다.

마침내 검표원이 다가오자 나는 극도로 흥분한 상태로 이 기차가 어디 가는 기차냐고 물었습니다. 그는 "디종"이라고 대답했습니다. 우리가 가야 하는 곳과는 완전히 다른 도시였습니다.

가슴이 두근두근 뛰기 시작한 나는 소리쳤습니다. "아레트 르 트레인! 아레트 르 트레인! (기차 세워요!)"

그는 나를 바라보고 "농 농 농 (안 돼)……"이라고 말하며 내 얼굴 앞에 손가락을 대고 흔들었습니다. 결국 나는 마치 밀항자처럼 짐칸에 타야 했습니다. 무척이나 바보같이 느껴졌고 디종까지 가야 하는 내 자신이 처량하게 보였습니다.

공짜로 승차하려던 것이 아니라 단지 이 바보 같은 미국 대학생이 길을 잃은 것이라고 판단한 검표원은 마침내 동정심을 느꼈는지 열차 관리소에 전화를 걸었습니다. 그리고 가족들이 애타게 기다리고 있는 기차역에서 큰 스피커를 통해 내 상황을 알려주었다고 했습니다. 나는 디종 기차역에서 검표원과 함께 남는 시간 동안 축구 경기를 보았습니다. 검표원은 다음번 기차에 나를 태워주었고 마침내 나는 가족과 상봉할 수 있었습니다.

이 사건을 떠올릴 때면 내가 어떻게 맞는 열차에 올라탔다고 그토록 자신만만하게 확신할 수 있었는지를 생각해보곤 합니다. 나는 스스로 노련한 파리지앵이라고 생각했고, 내 능력을 과도하게 자신했던 겁니다.

대부분의 사람들은 놀랍게도 자신이 올바른 길을 향하고 있다고, 한 치의 의심 없이 확신합니다.

이 책에서 우리는 선한 일을 할 때 겪게 되는 특정한 영적 위험들을 살펴보았습니다. 만약 여러분이 잘못된 방법으로 사역하고 있다는 사실을 발견했다면, 지금이라도 방향을 바꾸고 진실된 섬김의 마음을 재발견하는 것은 얼마든지 가능합니다.

벗어나기

그 옛날에도 자신은 올바른 길로 향하고 있다고 믿었던 한 남자가 있었습니다. 올바른 가정에서 성장한 그는 위엄 있고, 성공한 사람이었습니다. 최고의 기관에서 교육받고 성공 가도를 달렸습니다. 그의 이름은 사울입니다.

하나님께서는 사울에게 인생을 바꾸는 아주 강력한 메시지를 보내셨습니다. 아마도 웬만큼 강력하지 않으면 다른 어느 것도 그의 관심을 끌 수 없었기 때문이었겠지요. 그는 자신이 정도를 걷고 있다는 생각에 일말의 의심도 없었습니다.

하나님에게 이끌려 장님이 된 채 다마스커스를 향한 길을 걷게 되자, 자신만만하던 사울은 도움을 요청할 수밖에 없었습니다. 하나님의 쓰임을 받는 자가 되기 위해서는 과분한 은혜를 입어야 한다는 걸 절실히 깨달았던 것이지요.

하나님은 자신의 부적합함을 잘 알고 있는 사람들을 사용하시기로 유명합니다. 마리아에서부터 제자들과 다윗에 이어서 바울까지…… 명단은 계속 이어집니다. 하나님은 권세 있는 자들을 부끄럽게 하고 겸손한 자들을 들어 올리시곤 합니다.

이기심이 섬김과 사역에 어떤 영향을 미치는지 깨닫기 시작한 나에게 이보다 더 좋은 소식은 없었습니다. 이기적인 동기로 인해 사역의 영광스러운 순간을 망쳐버렸다는 것을 깨닫고 그것을 슬퍼하는 것은 그나마 우리가 건강하다는 징후입니다.

하지만 사울이 바울이 되는 것은 쉬운 과정이 아니었습니다. 우리는 이 부분을 자주 망각하곤 합니다. 다마스커스로 가는 길에 극적인 전환을 겪었던 바울이지만, 그는 여전히 이기심과 오만함과 죄악과 싸워야 했습니다. '죄인 중에 내가 괴수'라고 스스로를 칭했던 그는 _디모데전서 1:15 하나님의 은혜로 말미암아 용서받았으나, 우리가 꾸준히 스스로를 훈련해 나가야 한다는 사실을 깨달았습니다.

죄는 평생 동안 싸워야 할 대상입니다. 바울은 고린도인들에게 다음과 같이 편지를 썼습니다. '내가 내 몸을 쳐 복종하게 함은 내가 남에게 전파한 후에 자신이 도리어 버림을 당할까 두려워함이로다.' _고린도전서 9:27

바울은 온전히 그리스도를 위해서 살기 위해 몸부림쳤습니다. 그리고 당신과 나 역시도 그렇게 몸부림쳐야 합니다. 그 길에는 지름길이 없습니다. 세상에서 선호하는 간단한 세 단계 시스템이란 것도 없습니다. 극소수의 사람들만이 승리를 체험합니다.

철학가인 댈러스 윌라드Dallas Willard는 제자의 길을 걷는다는 것이 어떤 것인지를 설명한 적이 있습니다.

우리는 은혜에 의해서 구원받았습니다. 우리가 구원받을 자격이 있어서가 아니라 그저 주님의 은혜로 그리 된 것입니다. 이것이 바로 주께서 우리를 받아주셨다는 사실의 기본입니다. 하지만 단순히 은혜만으로는 우리가 필요한 순간에 충분한 권능과 통찰력을 발휘하기 어렵습니다. 속세를 살아가면서 적합한 훈련도 받지 않은 기독교인들이 막상 문제에 봉착했을 때 하나님처럼 행동하기를 원하는 것은, 마치 평소에 연습도 하지 않은 야구 선수가 경기에서 뛰어난 기량을 발휘하길 원하는 것과 같습니다. [*1]

이는 전쟁과 같습니다. 잠언에서는 다음과 같이 말합니다. '모든 지킬 만한 것 중에 더욱 네 마음을 지키라 생명의 근원이 이에서 남이니라.'_잠언 4:23 기도, 경배, 묵상, 말씀 암송, 그리고 금식은 마음의 내적인 생명을 양육시키는 것들이므로 우리는 이를 통해 지속적으로 건강한 생명을 유지할 수 있습니다.

다른 무엇보다도 우리는 이것을 기억해야 합니다. 하나님과 분리된 선한 일들은 우리가 창조주를 알아가는 과정에 방해가 될 뿐입니다.

하나님 없이는 **아무 일도** 할 수 없습니다. 우리의 힘은 충분하지 않습니다. 우리의 재능은 충분하지 않습니다. 우리의 지식 역시도 충분하지 않습니다.

하지만 모든 것이 세상과는 반대로 돌아가는 하나님의 왕국에서 우리는 약함을 통해 강함을 발견할 수 있습니다. '나에게 이르시기를 내 은혜가 네게 족하도다 이는 내 능력이 약한 데서 온전하여짐이라 하신지라 그러므로 도리어 크게 기뻐함으로 나의 여러 약한 것들에 대하여 자랑하리니 이는 그리스도의 능력이 내게 머물게 하려 함이라.' _고린도후서 12:9

우리는 고군분투할 수도 있습니다. 오만함과 이기심을 극복해낼 수도 있습니다. 하지만 궁극적인 치유는 이미 예수 그리스도께서 다 마치셨습니다.

"예수께서 모든 값을 치르셨다. 나는 그분께 모든 것을 빚졌다."*2

바울이 고군분투 노력한 것처럼 여러분과 나 역시도 노력해야 합니다. '우리 주 예수 그리스도로 말미암아 하나님께 감사하리로다 그런즉 내 자신이 마음으로는 하나님의 법을 육신으로는 죄의 법을 섬기노라.' _로마서 7:25

그분이 보여주신 우주 만물을 대상으로 한 용서가 우리로 하여금 정결함과 올바름을 지속적으로 추구하도록 만들기 때문입니다.

팀 켈러 목사는 다음과 같이 썼습니다. '죄악에 대한 깨달음이 없다면 십자가에서 치른 죄값은 별 감흥 없이 다가옵니다. 이는 우리를 감동시키지도, 우리의 삶을 변화시키지도 못합니다.' *3

죄의 깊이를 들여다봄으로써, 그리스도께서 하신 그 모든 일들에 더욱더 감사함을 느낄 수 있습니다.

더 크게 용서받은 자가 더 크게 사랑하는 법입니다.

현대 선교의 아버지

허드슨 테일러J. Hudson Taylor는 젊고 열정적인 기독교 신자였습니다. 21살이 되었을 때 그는 복음을 전하러 영국을 떠나 중국으로 향했습니다.

허드슨은 재능이 특출한 사람이었습니다. 지능이 뛰어났고, 훌륭한 작문 실력을 지녔으며, 의사였고, 자기 뜻에 따르도록 사람들을 설득할 줄도 알았습니다. 타고난 카리스마와 매력을 지녔던 그는 시위대를 향해 대화의 문을 열었고, 중국 선교에 있어 중요한 분야의 인물들을 설득했습니다.

하지만 1866년 중국을 두 번째 방문했을 때 그는 너무도 지쳐 있었고 영적으로도 만신창이인 상태였습니다. 여러 번의 비극을 겪었습니다. 딸 그라시아가 죽었습니다. 여러 선교사들을 데리고 들어왔던 그 당시 수용 시설이 공격받고, 강도를 당하고, 대부분의 건물들이 불타고 말았습니다. 영국에서는 허드슨과 그의 선교사들을 상대로 소문들이 퍼져 나가기 시작했습니다. 그들은 미쳤고 제정신이 아닌 사람들로 회자되었습니다. 후원도 점차 줄어들었습니다. *⁴

극심한 우울을 겪던 허드슨은 마침내 바닥에까지 이르고 맙니다. 거의 자살 직전까지 갔던 그에게 친구로부터 한 장의 쪽지가 전달됩니다. 허드슨은 당시의 상황을 이렇게 적었습니다.

내 영혼의 고통이 바닥에 달하던 그때, 맥카시McCarthy가 준 편지의 한 문장은 내 눈의 비늘을 벗겨버리는 듯했고, 하나님의 영이 예수님과 내가 하나됨을 진정으로 느낄 수 있도록 해주었습니다…….

"어떻게 하면 신앙이 굳건해질 수 있을까요? 그것을 좇아 살아감으로써가 아니라, 신실하신 그분 안에 거함으로써 우리의 신앙은 강건해집니다." *⁵

그 상황에서 그는 이렇게 생각했습니다. '그동안 하나님 안에 거하고자 고군분투하던 것들은 허사였다. 더 이상 아등바등하지 않겠다. 주께서 나를 구속하겠다고 약속하지 않으셨던가? 결코 나를 떠나지 않겠다고, 그리고 나를 결코 낙망케 하지 않겠다고 약속하지 않으셨던가?'

그 편지는 그의 삶을 바꾸었습니다. 그는 그 이후의 삶을 '맞바꾼 삶'이라고 표현했습니다. 그는 자신이 완벽하지 않아도 하나님께서 완벽하시다는 것을 깨달았습니다. 삶에서 여러 장애물을 만나긴 했지만 허드슨은 자신의 힘만 믿고 전쟁터로 향하지 않았습니다. 대신 그는 모든 것을 주님 앞에 맡기기로 했습니다.

활기를 되찾은 허드슨은 중국에서 계속 복음을 전했고 1895년에는 이미 641명의 선교사들이 그의 선교회를 통해서 활동하게 되었습니다. *6 그가 1905년에 세상을 떠났을 때, 하나님께서는 중국 내륙 선교회China Inland Mission를 사용하셔서 중국 내 125000개의 교회들을 세우는 역사를 보여주셨습니다. *7

"인생을 쉽게 쉽게 살아가는 크리스천들을 위해 우리를 살살 다루시는 하나님. 그리고 믿음이 뛰어난 크리스천들을 위해 고난과 고통을 겪게 하시는 하나님. 이렇게 두 분의 하나님이 존재하는 것이 아닙니다." 테일러는 말합니다. "오직 단 한 분의 그리스도만이 계십니다. 그의 안에 거하며 많은 열매를 맺기를 원하십니까?" *8

오늘날 우리는 허드슨의 인생을 통해 그 '열매'들을 봅니다.

공식적인 국교國敎가 없는 국가임에도 불구하고 중국은 지금 성장하는 교회, 역동적인 교회들의 터전으로 자리잡아가고 있습니다. 비공식적으로 중국인 세 명 중 한 명은 스스로를 종교적이라고 여긴다고 합니다. *9 중국 교회의 역동성은 중국에 복음을 전하고자 헌신한 한 남성의 역동적인 삶을 반영해주고 있습니다.

돌아온 자들의 교회

오늘날 우리는 교회 내의 귀환 사례를 축하할 필요가 있습니다. 우리는 완벽하지 못한 사람들 즉, 깨어지고 실수했지만 그래도 하나님의 은혜로 다시 주님을 향한 믿음을 회복하고 교회로 돌아온 사람들의 이야기를 축하하고 축복하길 원합니다.

이들은 다시 돌아온 자녀들입니다. 자신의 죄에 대해서 이전보다 더 많이 깨닫게 된, 그리하여 결국에는 하나님의 깊은 은혜에 의존할 수밖에 없게 된 선한 일 하는 사역자들, 이들이 바로 돌아온 자녀들입니다. 바울과 허드슨 테일러를 사용하셨듯이, 예수께서는 이러한 사람들을 통해서 세상을 변화시키십니다.

논의할 질문

1. 하나님과 분리된 선한 행위는 하나님과의 관계를 더욱 곤고히 하는 데 영적인 위협으로 다가옵니다. 살면서 이러한 위협을 체험한 적이 있나요?

2. 고린도후서 12장 6절에서 10절을 읽어보십시오. 바울은 왜 자신의 약함을 자랑하였을까요? 신앙의 성숙에 대해, 바울의 생각은 무엇을 가르쳐줍니까?

3. 교회 내의 귀환 사례를 어떤 방식으로 축하할 수 있을까요?

제자 훈련에 대한 댈러스 윌라드의 강연을 듣고 싶은 분은
www.peterkgreer.com/danger/chapter 17을 방문해보시기 바랍니다.

글을 마치며

주말 동안 맨해튼에서 한 시간 남짓 떨어진 산장에 열두 명의 저명하고 유능한 사회적 기업인들이 코칭과 멘토링을 받기 위해 모였습니다. 이는 기독교 가치를 중심으로 세워진 사회적 기업들의 육성을 지원하는 단체인 프락시스 펠로우십 행사 중의 하나였습니다. 바위투성이 절벽과 화려한 가을 빛을 뒤로하고 그곳에 모인 리더들은 상쾌한 공기를 들이마시며 이 세계가 겪고 있는 중요한 이슈들을 해결하기 위해 더 나은 방법을 찾느라 머리를 맞대고 궁리했습니다.

다음 세대의 리더가 될 굳건한 신앙을 지닌 플락시스 펠로우들은 나에게 깊은 인상을 남겼습니다. 열정으로 똘똘 뭉친 그들은 세상을 바꿀 준비가 되어 있었습니다. 모두 자신의 신념을 실제 삶에서 행동으로 옮기는 사람들이었습니다. 대부분의 리더들이 만 30세 미만이었습니다. 이들은 헌신적이고, 타고난 재능을 지닌, 목표를 향해 돌진하는 젊은이들이었습니다.

이들에게 감명을 받은 나는 이들이 세상을 바꾸는 일에 참여하는 것을 축하하며, 더 많은 일들을 하도록 격려해주었습니다.

전략, 펀딩, 조직의 지속 가능성 등에 관한 내 경험을 이야기해달라는 부탁을 받았지만, 나는 주제에 벗어나는 이야기를 해줄 수밖에 없었습니다. 그들이 마주하게 될 가장 큰 위험은 조직 구조나 운용상의 문제에서 야기되기보다는 그들의 마음속에 잠재되어 있기 때문입니다.

2천 년 전, 유다 지역은 여러 외부적인 위협에 노출되어 있었습니다. 외국 세력의 잔인한 지배, 온 나라를 휩쓰는 정치적 종교적 혼란이 만연했습니다. 예수께서 이 세상에 오셨을 때, 이러한 큰 이슈들에 대해 언급하셨을 수도 있었습니다.

하지만 예수께서는 그들을 향해 스스로를 돌이켜보라고 주문하셨습니다. 그는 악한 생각이 나오는 곳은 사람의 속 곧 '사람의 마음'이라고 말씀하셨습니다. _마가복음 7:21

인간의 성품은 그 이후에도 크게 바뀌지 않았습니다. 가장 큰 위험은 우리의 내면에서 나옵니다. 프락시스 멤버들과 이야기를 나누면서, 단지 전략적인 계획보다는 이들이 훗날 거두게 될 성공과 사역의 성과로부터 그리고 선한 일을 하는 데 따르는 영적인 위험으로부터 스스로를 보호해야 할 필요성에 대해서 이야기해주고 싶다는 생각이 강하게 들었습니다.

우리는 혼자서 잘날 수 없습니다. 새벽 3시 친구들이 있지 않는 한, 내가 듣고 싶지 않은 진실을 말해줄 친구들이 곁에 있지 않는 한, 꾸준히 죄를 반성하고 나를 구원하신 그분의 사랑과 용서를 계속해서 묵상하지 않는 한, 나는 쉽게 인생을 망칠 수 있습니다.

아무리 예방책을 잘 준비했다고 해도, 이는 그저 가이드라인 또는 대비책에 불과합니다. 가장 중요한 것은 성령께서 늘 우리를 인도하시고, 우리의 마음을 열어주시고, 우리의 죄를 깨우쳐주신다는 것, 선한 일을 한다고 해서 하나님께서 더 많이 사랑하시는 것이 아니라는 사실을 우리 스스로에게 지속적으로 상기시켜주어야 한다는 것입니다.

이 책 전반을 통해서 우리는 선한 일을 할 때 마주할 수 있는 특정한 위험들을 살펴보았습니다. 프락시스 멤버들과 같은 기독교 신자들, 뜨뜻미지근한 신앙에서 탈피하고자 하는 사람들, 그리고 이사야 58장과 같은 삶을 꿈꾸는 사람들을 향한 나의 메시지는 바로 이것입니다. 꾸준히 선한 일을 하십시오.

하지만 우리가 왜 이 일을 하는지를 기억해야 합니다. 이는 하나님으로부터 더 사랑받기 위함이 아닙니다. 우리의 이름을 드높이려 함도 아니고 성공적인 조직을 만들고자 함도 아닙니다. 바로 우리가 완벽하지 않음을, 엉망진창 실수투성이라는 것을 이미 알고 계시지만, 그럼에도 우리를 여전히 사랑하시는 하나님에 대한 내면에서 우러나오는 감사함 때문입니다.

궁극적으로 섬김이란, 이 세상에서 경험할 수 있는 가장 위대한 자비로움을 향한 우리의 가장 작은 응답일 뿐입니다.

감사의 말

이 책은 여러 사람들이 함께 작업한 공동의 프로젝트입니다. 가족과 친구들의 지원이 없었다면 이 책은 세상에 나오지 못했을 것입니다. 다음의 분들에게 특별히 감사의 말을 전하고 싶습니다.

로렐Laurel, 나의 놀라운 아내. 당신은 내가 하는 일들을 열성을 다해서 응원해준 사람입니다. 키갈리의 우리 집 옥상 위에서 청혼했을 때 "예스!"라고 대답해줘서 고맙고, 내 앞니에 시금치가 끼었을 때마다 사실대로 말해줘서 너무 고맙습니다.

안나 하가드Anna Haggard. 당신은 타고난 작문 실력을 지닌 사람이자 이번 프로젝트를 위해서 지치지 않고 항상 즐겁게 일해준 사람입니다. 말할 것도 없이, 당신이 없었다면 이 책은 결코 출판될 수 없었을 겁니다.

앨리 스펙Allie Speck. 당신은 '단지 리서치 인턴'에 그치지 않는 열정을 보여줬습니다. 이 책의 윤곽을 훌륭하게 잡아주었고, 우리에게 용감한 소망을 갖고 살아가는 삶이 무엇인지를 직접 보여주었습니다.

앤드류 올지무스Andrew Wolgemuth. 당신은 맡은 일을 손색없이 해내는 사람입니다. 당신을 나의 에이전트이자 친구로 삼게 되어 영광입니다.

앤디 맥과이어Andy McGuire, 엘렌 차리푹스Ellen Chalifoux, 브렛 벤슨Brett Benson, 카라 카Carra Carr 그리고 베타니 하우스Bethany House의 식구들. 다른 어느 출판사와도 이렇게 즐겁게 일하기란 불가능했을 것입니다. 글을 써가는 매 과정마다 당신들은 기대 이상으로 훌륭하게 도와줬습니다.

브라이언 피커트Brian Fikkert. 서문을 작성해줘서 고맙고, 당신의 우정도, 그리고 올바른 방법으로 사역을 할 수 있도록 모델을 제시해줘서 고맙습니다.

HOPE 직원 여러분. 책 표지의 아이디어를 제시한 제프 브라운Jeff Brown에서부터 창의적인 마케팅 노하우를 발휘해준 케빈 토도프Kevin Tordoff, 그리고 로지스틱 전반에 도움을 준 닉 마티노Nick Martino에 이르기까지, 꾸준히 그리고 아낌없이 이 프로젝트를 지지해준 훌륭한 팀원들이 있었습니다.

안젤라 쉐프Angela Scheff와 필 스미스Phill Smith. 글 쓰는 재미에 눈을 뜨게 해줘서 감사합니다.

팀 켈러Tim Keller. 하나님 중심의 리더십의 모델을 제시해주셔서 감사드리고 이 책의 여러 주제들에 영향을 미친 가르침에 감사드립니다.

가족들. 존, 젠, 에이미, 라이언, 헤더, 폴, 켈리, 브렌트, 애슐리, 나나, 조부모님들, 어머니, 아버지. 지금의 나를 만들어주신 여러분. 여러분이 선물해주신 사랑이 넘치는 가정은 이 책의 배경이 되었습니다. 존, 그랜드 래피즈에 재배치된 와중에도 내 책을 읽고 피드백을 해주어 특별히 더욱 고맙단다.

자신들의 이야기를 이 책에서 나누도록 너그럽게 허락해준 나의 친구들. 스파키와 캐리 그레이스, 저스틴, 트리샤 데이비스, 앨런과 캐서린 반하트, 케빈과 린 얀, 그렉 라퍼티, 코트니 라운트리 밀스, 존 타이슨, 커트 카일해커, 스캇 해리슨, 라이언 오닐, 에릭과 페니 서반, 베스 버밍햄, 빌리 놀란, 제프와 수 러트, 콜 크레셀리우스, 젠 무디, 장 마리 무상가, 데니스 홀링거, 그리고 마이크 포스터.

나의 휴스턴 친구들. 진정한 우정이 무엇인지 알게 해주어서 고맙습니다. 특별히 데이비드 위크라이, 러스티 월터, 테리 루퍼, 존 몽고메리, 타이거 돈슨, 월 반 로, 그리고 케빈 헌트에게 감사의 말을 전합니다.

나의 새벽 3시 친구들. 특별히 존 그리어, 백스터 언더우드, 데이비드 놀만, 크리스 마틴, 그리고 켈리 B303룸메이트 친구들에게 감사의 말을 전합니다.

레인클라우드 미디어RainCloud Media의 캐롤린 하가드Carolyn Haggard와 그의 특출난 팀원들. 이 이야기를 나눌 수 있도록 전문가적인 도움을 주심에 감사드립니다.

이 책을 미리 읽고 개선시켜준 많은 친구들. 크리스 호스트, 프레드 스미스, 조나단 벨리트, 매튜 앤더슨, 켄 울리히, 필 스미스, 빌 고티어, 랜드 우드, 브라이언 루이스, 앨리슨 맥레넌, 토드 핸드릭스, 데이비드 스피카드, 매들린 하우저, 케이티 니나우, 장 루이스 칼리, 조쉬 콴, 레이 정, 그리고 하가드 식구들, 로비 파샤우어, 메기 모나한, 에린 론지네커, 제프 시나바거, 짐 다이치, 아드리안느 톰슨, 그리고 캐시 린치.

나의 구원자. 내가 회개하고 다시 열심으로 살아가게 하시는 당신의 은혜에 감사드립니다. 나의 약함이 주님의 권능으로 말미암아 온전케 하소서.

옮기고 나서

이 책의 저자 피터 그리어는 철저한 기독교 정신을 바탕으로 15개 국에서 크리스천 마이크로 파이낸스 사역을 하는 호프 인터내셔널의 CEO입니다. 호프는 내가 지난 5년간 CEO로 섬겨온 르완다에 있는 크리스천 마이크로 파이낸스 은행Urwego Opportunity Bank(UOB)의 대주주 중 하나로, 피터는 UOB의 전신인 마이크로 파이낸스 기관의 책임자를 맡기도 했기에 우리는 개인적으로도 아는 사이입니다.

하지만 내가 이 책을 번역하기로 결정한 이유는 이런 조직적 관계나 개인적 친분 때문이 아닙니다.

그보다는 이 책을 읽으면서 나름 선한 삶을 살려고 노력해온 나의 모습을 너무도 적나라하게 들여다볼 수 있었기 때문입니다.

- 내가 선한 일을 하는 진정한 동기는 무엇인가.
- 겉으로 아름답게 보이기는 하지만 사실 위선의 가면을 쓰고 있지는 않은가.
- 남들의 건설적 비판에 나는 얼마나 내 마음을 열고 받아들였는가.
- 일 때문에 나는 더 소중한 것들을 희생하지는 않았는가.

이런 질문들이 급소를 찌르듯 나를 아프게 했습니다. 부피는 얇지만 읽고 또 읽을 수 밖에 없었습니다. 반성하고 회개하기를 여러 번 하면서 조금씩 맑아지는 정신을 체험하게 되었습니다. 나를 자성하고 돌아보게 하는 책, 혼자만 읽기에 너무 아까웠습니다.

한국에는 참으로 이 모양 저 모양으로 선한 일을 하는 많은 사람들과 기관들이 있습니다. 종교적이건 아니건, 많은 모습으로 선한 열매 맺는 삶을 살고 싶어 하는 사람들에게 이 책을 통해 자신을 한 번 돌아보는 계기가 되었으면 하는 바람으로 이 책을 번역하게 되었습니다.

글 쓰는 것이 익숙하지 않아서 실수가 있을 것입니다. 하지만 이 책이 우리의 일그러진 작은 모습 하나라도 바르게 할 수 있다면 시간을 쪼개어 번역한 노력이 보람으로 느껴질 것입니다.

2014년 2월

아프리카 르완다 키갈리에서

제프리 리 Jeffrey Lee

주석

글을 시작하며

1. Bob Lupton의 *Toxic Charity*, Steve Corbett, Brian Fikkert의 *When Helping Hurts*를 강력히 추천한다.
2. Dr. J. Robert Clinton, "Finishing Well-Six Characteristics," http:// garyrohrmayer.typepad.com/files/3finishwellarticles.pdf.

2장

1. Tim Keller, *The Prodigal God* (New York: Penguin, 2008), 9.
2. Eugene Peterson, "Spirituality for All the Wrong Reasons," *Christianity Today*, March 2005, 45.
3. Philip Yancey, *What's So Amazing About Grace?* (Grand Rapids, MI: Zondervan, 1997), 198.

3장

1. Marc Lallanilla, "Vitamins: Too Much of a Good Thing?" ABC News, February 23, 2012, http://abcnews.go.com/Health/Technology/story?id=118252&page=1#.T95jBVJhOSq.
2. 1과 동일
3. Tim Stafford, "Imperfect Instrument," *Christianity Today*, March 2005, www.christianitytoday.com/ct/2005/march/19.56.html.
4. Thomas A. Powell Sr., "Forced Terminations Among Clergy: Causes and Recovery," Liberty Baptist Theological Seminary, September 2008, http://digitalcommons.liberty.edu/cgi/viewcontent.cgi?article=1171&context=doctoral.
5. 인간은 당연히 결혼해야 하며 특별한 상대를 발견할 때에서야 비로소 완전해 진다는, 지극히 만연된 관념을 고의 아니게 강조할 수 있기 때문에 이 장에 미혼 친구들까지 포함시켜야 할지 의구심을 갖고 있다. 이러한 생각과 압박감은 기독교의 왜곡된 문화 때문이지 성경에서 비롯된 것이 아니다.
6. "What Did Jesus Mean in Matthew 15 and Mark 7?" *Jesus' Words Only*, www.jesuswordsonly.com/component/content/article/13-background-

jwos/230-korban-or-corban-jesus-criticized.html.

7. Wayne Jackson, "What Is the Meaning of Corban?" *Christian Courier,* www.christiancourier.com/articles/1086-what-is-the-meaning-of-corban.

8. Tod Kennedy, "Matthew Chapter 15, Wash Hands," *Spokane Bible Church,* April-May 2007, www.spokanebiblechurch.com/study/Matthew/ Matthew15.htm.

5장

1. Wayde Goodall, *Why Great Men Fall* (Green Forest, AR: New Leaf Press, 2006), 26.

2. 1과 같은 책, 136.

3. Andy Court, Kevin Livelli, and Maria Usman, "Questions over Greg Mortenson's Stories," *60 Minutes, CBS,* April 15, 2011, accessed August 22, 2012, www.cbsnews.com/stories/2011/04/15/60minutes/main20054397.shtml.

4. Alex Heard, "Greg Mortenson Speaks: The embattled director of the Central Asia Institute responds to allegations of financial mismanagement and that he fabricated stories in his bestselling book Three Cups of Tea," *Outside* Magazine, accessed August 15, 2012, www.outsideonline.com/ outdoor-adventure/Greg-Mortenson-Speaks.html?page=2.

5. 4와 동일

6. *The Reliable Source* (Roxanne Roberts and Amy Argetsinger, columnists), "Update: Jon Krakauer slams Greg Mortenson in digital expos?," The Washington Post Blog, April 19, 2011, accessed August 22, 2012, www.washingtonpost.com/blogs/reliable-source/post/jon-krakauer-slams-greg-mortenson-in-digital-expose/2011/04/19/AFxToE6D_blog.html.

7. *The Reliable Source* (Roxanne Roberts and Amy Argetsinger, columnists), "Update: Greg Mortenson to repay Central Asia Institute," The Washington Post Blog, April 5, 2012, accessed August 22, 2012, www.washingtonpost.com/blogs/reliable-source/post/update-greg-mortenson-to-repay-central-asia-institute/2012/04/05/gIQAgSd8xS_blog.html.

8. Thomas A. Powell Sr., "Forced Terminations Among Clergy: Causes and Recovery," Liberty Baptist Theological Seminary, September 2008, http://digitalcommons.liberty.edu/cgi/viewcontent.cgi?article=1171&context=doctoral.

6장

1. Simon Robinson and Vivienne Walt, "The Deadliest War in the World," May 28, 2006, www.time.com/time/magazine/article/0,9171,1198921,00.html#ixzz2GydIXcbz.

2. Fiona Lloyd-Davies, "Why eastern DR Congo is 'rape capital of the word'," CNN, November 5, 2011, www.cnn.com/2011/11/24/world/africa/democratic-congo-rape/index.html.

3. Ryan Rasmussen의 "Confessions of a Proud Pastor," *Relevant Magazine,* October 3, 2012에서 나오는 구절을 인용했음. www.relevantmagazine.com/god/church/confessions-proud-pastor.

4. Paul J. Griffiths, *Lying: Augustinian Theology of Duplicity* (Grand Rapids, MI: Brazos Press, 2004), 60.

5. 4와 동일, 55.

6. Richard Foster, *The Challenge of the Disciplined Life: Christian Reflections on Money, Sex & Power* (San Francisco: Harper & Row, 1985), 219.

7. "Doing Business in the New Normal" Entrepreneur's Conference in Duluth, Georgia. October 23, 2012.

8. Devotional given at the Reynolds Plantation in Georgia, October 21, 2012.

7장

1. Thomas A. Powell Sr., "Forced Terminations Among Clergy: Causes and Recovery," Liberty Baptist Theological Seminary, September 2008, http://digitalcommons.liberty.edu/cgi/viewcontent.cgi?article=1171&context=doctoral.

8장

1. Amy L. Sherman, *Kingdom Calling: Vocational Stewardship for the Common Good* (Downers Grove, IL: InterVarsity Press, 2011), 114.

2. 1과 동일, 115.

3. www.brainyquote.com/quotes/authors/a/abraham_kuyper.html#DLC 12vrKecGoB21s.99.

4. Lucas Kavner, "HuffPost Greatest Person of the Day: Kohl Crecelius Crochets for Communities," *Huffington Post,* May 16, 2011, www. huffingtonpost.com/2011/05/16/huffpost-greatest-person-_n_862542.html.

5. Os Hillman, "Are We on the Verge of Another Reformation?" *In the Workplace,* www.intheworkplace.com/apps/articles/default.asp?articleid =68281&columnid=1935.

9장

1. Henri Nouwen, *The Return of the Prodigal Son* (New York: Doubleday, 1992), 40.

2. Brian Osisek, "Aesop's Fables and the Sovereignty of God," *Christian Musings,* March 2, 2012, http://christianmusings-Brian.blogspot.com/ 2012/03/sovereignty-of-god.html.

3. Rebecca Konyndyk DeYoung, *Glittering Vices: A New Look at the Seven Deadly Sins and Their Remedies* (Grand Rapids, MI: Brazos Press, 2009), 60.

4. Richard Foster, *The Challenge of the Disciplined Life* (San Francisco: Harper & Row, 1985), 219.

5. François Fénelon, *The Seeking Heart* (Jacksonville, FL: Seedsower Christian Publishing, 1992), 133.

6. Devotional given at the Reynolds Plantation in Georgia, October 21, 2012.

7. Ken Curtis, PhD, "Bach Created Music to God's Glory," www.christianity.com/church/church-history/timeline/1701-1800/bach-created-music-to-gods-glory-11630186.html.

8. Calvin R. Stapert, "To the Glory of God Alone." *Christianity Today,* 7/01/2007, www.christianitytoday.com/ch/2007/issue95/1.8.html?start=1.

10장

1. Shira Schoenberg, "David—Biblical Jewish King," *Jewish Virtual Library,* www.jewishvirtuallibrary.org/jsource/biography/David.html.

2. Trisha Davis, "Forgiving the Cheating Pastor," *People of the Second Chance*, August 11, 2012, www.potsc.com/giving-grace/forgiving-the-cheating-pastor-2/.

3. "Our Story," *Refine Us: Restoring Hope, Renewing Relationships,* http://vimeo.com/39354012.

4. Justin Davis, "My Fatal Mistake," Jenni Clayville, August 16, 2010, http:/www.jenniclayville.com/justin-davis-my-fatal-mistake/.

5. Justin Davis, "God Isnt Through Yet," *People of the Second Chance*, August 7, 2012,
www.potsc.com/giving-grace/inspiration/god-isnt-through-yet/.

11장

1. James Mason, "Jesus Loves Me, and That's Enough," *A Chosen Generation,* October 3, 2012, http://jamesmason93.wordpress.com/2012/10/03/jesus-loves-me-and-thats-enough/.

2. Ed Dobson, *Ed's Story,* http://flannel.org/products/eds-story-1-3.

3. Kevin Helliker, "You Might as Well Face It: You're Addicted to Success," *The Wall Street Journal,* February 12, 2009, http://online.wsj.com/article/SB123423234983566171.html.

4. Justin Davis, "What I Wish I Could Tell the 22-Year-Old Me," August 20, 2012, http://refineus.org/2012/08/what-i-wish/.

5. 다윗이 실제로 시편을 썼는지에 대해서는 학계에서도 논쟁이 있다.

6. Dan Merica, "Facing death, a top pastor rethinks what it means to be Christian," CNN, *CNN Belief Blog,* February 18, 2012,
http://religion.blogs.cnn.com/2012/02/18/tending-the-garden-one-person-at-a-time/.

7. 6과 동일. 돕슨의 이야기를 더 알고 싶다면 EdsStory.com의 "My Garden"을 참고.

8. Richard Foster, *Prayer: Finding the Heart's True Home* (San Francisco: HarperSanFranciso, 1992), 7.

12장

1. *National and International Service and Mission: Agape Center for service*

and Learning Annual Report 2010 (Grantham, PA: Messiah College, Agape Center for Service and Learning, 2010), p. 7, www.messiah.edu/external_programs/agape/annual_reports/documents/NISM.pdf.

2. *The Catholic Encyclopedia,* "St. Thomas the Apostle," www.newadvent. org/cathen/14658b.htm.

3. Thieleman Van Bragt, *Martyrs' Mirror: The Story of Seventeen Centuries of Christian Martyrdom From the Time of Christ to A.D. 1660,* trans. Joseph E. Sohm (1938), www.homecomers.org/mirror/martyrs010.htm.

4. *The Catholic Encylopedia,* "St. Andrew," www.newadvent.org/cathen/ 01471a.htm.

5. John Stott, *The Cross of Christ* (Downers Grove, IL: InterVarsity Press, 2006), 326.

6. 5와 동일, 326-27.

13장

1. The Gatherting, "Opening Session—Social Entrepreneur Spotlight," podcast audio, December 25, 2012, http://thegathering.com/media.html.

14장

1. C. S. Lewis, *Mere Christianity* (New York: HarperCollins, 1952), 125.

2. Devotional given at the Reynolds Plantation in Georgia, October 21, 2012.

3. Shane and Shane at The Gathering, September 14, 2012.

4. Brian D. McLaren, "Open Letter to Worship Songwriters (Updated)," *Worship Leader Magazine,* March/April 2005, http://brianmclaren.net/ archives/blog/open-letter-to-worship-songwrite.html.

5. C. S. Lewis, *Mere Christianity* (New York: HarperCollins, 2001), 123.

6. Tim Keller, *The Freedom of Self-Forgetfulness* (Leyland, England: 10Publishing, 2012), Kindle, chapter 2, paragraph 3.

7. 디모데전서 1:15

8. Tim Keller, *The Freedom of Self-Forgetfulness,* Kindle, chapter 3, paragraph 1.

9. 8과 동일. Kindle, chapter 2, paragraph 9.

15장

1. Ray Hollenbach "Jesus the Know-It-All," Churchleaders.com, www.churchleaders.com/pastors/pastor-how-to/152916-ray-hollenbach-jesus-the-know-it-all.html.

2. "The Heart of Paul's Theology: Paul and the Corinthians," http://elearning.thirdmill.org/theme/standard_thirdmill/lessons/hpt4text.html.

16장

1. 2012년 10월 21일, 조지아의 Reynolds Plantation에서 나눈 개인적인 대화

17장

1. Dallas Willard, *Spirit of the Disciplines* (New York: HarperCollins, 1991), 4-5.

2. Elvina M. Hall, "Jesus Paid It All," 1865, public domain.

3. 2012년 9월 9일 오전 5시 3분에 Tim Keller의 트위터에 포스팅됨. https://twitter.com/DailyKeller/status/244767896914497538.

4. Ed Reese, "The Life and Ministry of James Hudson Taylor," *Wholesome Words,* www.wholesomewords.org/missions/biotaylor2.html.

5. Dr. and Mrs Howard Taylor, *J. Hudson's Taylor's Spiritual Secret* (Chicago: Moody Publishers, 2009), 163.

6. "Biography of J. Hudson Taylor," *Christian Classics Ethereal Library,* http://www.ccel.org/ccel/taylor_jh.

7. Ed Reese, "The Life and Ministry of James Hudson Taylor."

8. Dr. and Mrs. Howard Taylor, *J. Hudson Taylor's Spiritual Secret,* 240.

9. Louisa Lim, "In The Land Of Mao, A Rising Tide Of Christianity," NPR, July 19, 2010, http://www.npr.org/2010/07/19/128546334/in-the-land-of-mao-a-rising-tide-of-christianity.

옮긴이_제프리 리Jeffrey Lee(한국이름 이종흠)

전문 금융인. 35년간 한국, 미국 그리고 르완다에서 금융계에 종사해왔다. 미국 콜로라도에서 프리미어 은행장을(7년), 뉴욕에서 신한은행 미주현지법인 은행장을(4년 반) 그리고 르완다에서는 가장 큰 마이크로 파이낸스 은행인 우르웨고 어포튜니티 은행Urwego Opportunity Bank(UOB)의 은행장으로 5년 넘게 섬기고 있다. UOB는 일반 은행이 아니라 기독교 가치를 바탕으로 가난한 사람들을 섬기는 선교적 은행이다. 200,000명 이상을 섬기고 있다.

이전에는 25년간 미국에서 기독교 교육을 통해서 섬겼고, 교회에서는 장로로, 콜로라도에서는 Project BGAN (Bringing the Gospel to All Nations)라는 선교 동원 사역을 창시해서 10년 이상 섬겼다. 많은 섬김 가운데 선한 일을 한다고 하였지만 이 책의 가슴을 찌르는 주옥 같은 글들에 감동받고 더불어 삶을 돌아보고 반성하는 계기가 되었다. 선한 일을 하는 많은 크리스천들이 함께 은혜받았으면 하는 마음으로 이 책을 번역하게 되었다. 르완다에서의 사역에 관한 자세한 내용은 아래 블로그에서 볼 수 있다.

http://JeffreyandKristinLeeinRwanda.blogspot.com

우리 시대의 선행과 영적 위험

초판 1쇄 발행일 2014년 2월 28일

지은이 피터 그리어
옮긴이 제프리 리
펴낸이 김현관
펴낸곳 율리시즈

책임편집 김미성
디자인 Song디자인
종이 세종페이퍼
인쇄 및 제본 천일문화사

주소 서울시 양천구 목4동 775-19 102호
전화 (02) 2655-0166/0167
팩스 (02) 2655-0168
E-mail ulyssesbook@naver.com
ISBN 978-89-98229-08-5 03230

등록 2010년 8월 23일 제2010-000046호

값 15,000원

ⓒ 2014 율리시즈 KOREA

이 도서의 국립중앙도서관 출판시도서목록(CIP)은 서지정보유통지원시스템 홈페이지(http://seoji.nl.go.kr)와 국가자료공동목록시스템(http://www.nl.go.kr/kolisnet)에서 이용하실 수 있습니다.(CIP제어번호: CIP2014005033)